UĞUR KOŞAR / **ALLAH DE ÖTESİNİ BIRAK**

DESTEK
yayınları

DESTEK YAYINLARI: 348
TASAVVUF: 7

ALLAH DE ÖTESİNİ BIRAK / UĞUR KOŞAR

Genel Yayın Yönetmeni: Ertürk Akşun
Editör: Aslı Bahşi
Kapak Tasarım: İlknur Muştu
Sayfa Düzeni: Cansu Poroy

Destek Yayınları: Temmuz 2013
2. Baskı: Ağustos 2013
3. Baskı: Ağustos 2013
4.-Baskı-6.Baskı: Eylül 2013
7. Baskı-9.Baskı: Ekim 2013
Yayıncı Sertifika No: 13226

ISBN 978-605-4771-55-4

© Destek Yayınları
İnönü Cad. 33/4 Gümüşsuyu Beyoğlu / İstanbul
Tel:(0212) 252 22 42
Fax:(0212) 252 22 43
www.destekyayinlari.com
info@destekyayinlari.com
facebook.com/ DestekYayinevi
twitter.com/destekyayinlari

Kitap Matbaacılık San. ve Tic. Ltd. Şti.
Davutpaşa Cad. No:123 Kat:1 Topkapı/İst.
Sertifika No : 16053
Tel.: 0.212.482 99 10

UĞUR KOŞAR

ALLAH DE
ÖTESİNİ BIRAK

DESTEK
yayınları

Rahman ve Rahim olan Allah'ın adıyla başlarım. Bu kitabı yazmayı vesile kılan Rabb'ime verdiği lütfundan dolayı hamd ü senalar olsun.

"Ben bir kulu sevdiğim zaman onun işiten kulağı ve gören gözü olurum. Artık o, (konuşurken) benim (kelamım ve hükmüm)le konuşmaya ve (baktığı her şeyi) benim (verdiğim özel bir görüş)le görmeye başlar."

Bu kitabı yazan Uğur Koşar sadece aracıdır, vesiledir, lütuf ve rahmet tamamen Allah'ındır...

Allah her şeyden haberdardır, sanmayın ki size yapılan haksızlığa kayıtsız kalıyor. O, size bir annenin evladına yaklaştığı merhametten daha fazla merhamet duyandır. Duanın karşılığını takip etmeden "Allah de ötesini bırak". Kul Rabb'ini imtihan etmez. O'na tevekkülle yaklaştığında rahmetini tüm hücrelerinde hissedeceksin.

Karşında o kadar çok maskeli insan var ki onları tanımak için yoruluyorsun. Şayet dikkat edersen güzel olan bir şey var; o senin hakkını aldıkça, sen onun sevaplarından kazanıyorsun. O halde kaybettim diye üzülme, biraz daha derin bakarsan, aslında kazandığını fark edeceksin!..

Ben sana yeni bir bakış açısı getiriyorum. Rabb'ini daha iyi hissedebilmen ve O'na daha yakın olabilmen için sana farklı bir pencere açıyorum. Toplum sana Allah'tan korkmanı söyler, oysa korkunun olduğu yerde sevgi asla yoktur. O halde Allah'tan korkarsan O'nu nasıl kendine yakın hissedebilirsin?

Allah sonsuz merhamet sahibidir, O bağışlayanların en hayırlısıdır. Allah'tan korkmak, "Ben bunu yaparsam Rabb'ime layık bir kul olamam, O bana güvenmiş, ben bu güveni sarsarım" demektir. Asıl korku budur. Kendi vicdanından korkmaktır. Allah karşısına hayâ edecek bir amelle çıkmaktan korkmaktır...

Ve korktuğunla yakın ilişki kuramazsın, O'nu tam olarak hissedemez ve O'na güvenemezsin. İşte senin asıl sorunun budur!..

İÇİNDEKİLER

Uğur Koşar Kimdir?.. 11

Uğur Koşar'ın Terapisi Hakkında 13

Evlilikte ve İlişkilerde "Allah De Ötesini Bırak" 27

Kişi Kişinin Aynasıdır.. 29

Sen Gönlünü Kırana İsyan Etmekten, Kırık Gönüllere
Merhem Olan Allah'ı Unutuyorsun............................ 37

Allah Âciz Kullarının Kalbindedir............................ 45

Tek Dost ve En Güvenilir Olan O'dur........................ 49

Kendini Değersiz mi Hissediyorsun?......................... 55

Kadınına Saygı Duy 65

Unutma! Bu Dünyaya Küçük de Olsa
Bir Boşluğu Doldurmak İçin Gönderildin... 71

Rabb'in, Yaptığın Çağrılara Bir Karşılık, Yaşadığın
Zorluklara Bir Kolaylık Vermeyeceğini mi Düşündün?........ 73

Güne Güzel Başlamak.. 75

Her An Bir İmtihan İçindesin.................................. 77

Kaderimi Severim Yazandan Ötürü 79

Allah Vekilin Olsun ve O'na İsimleriyle Yaklaş............ 83

Zihnin Oyunlarına Dikkat Et................................. 87

Kusuru Ört, Kusuru Gören Göz Kusurludur! 89

Hayatın Denge Üzerine Kurulu Bir Terazidir 93

Hayat Tek Bir Nota Değildir.............................. 97

Allah Seni Korur Sen Yeter Ki O'nunla Meşgul Ol........... 101

"Ben" ve "Sen"i Bıraktığın An "Bir" Doğar 103

Senin Güvenin Zayıf İse Allah Ne Yapsın?.................... 105

Allah, Duasında Israrcı Olanı Sever........................ 111

Tevekkül Tüm İlaçlardan Daha Etkilidir,
Çünkü Onun İçinde Nur Vardır 115

"Duam Kabul Olmuyor" Diyorsun 117

Allah Senin Sözlerine Değil Kalbine Bakar; Şükür
Teşekkür, Hamd Övgüdür 121

Sen O'nu Bir Kere Yürekten Anarsan
O Seni Ebediyen Anar 125

Sen Rızkın Allah'tan Geldiğini Unutmuşsun! 131

Kölenin Tevekkülü.. 135

Meleklerden Yardım Alınır mı? 137

İnsan Bencil Varlıktır..................................... 143

Hayat mı Renksiz Yoksa Senin Bakışın mı Kirli? 147

Her Şerde Bir Hayır Vardır 151

Bu Dünya Hayal Dünyadır.................................... 153

O Ses.. 155

Kendini Allah'a Bırak...................................... 159

Kendin Olduğun Halinle Güzelsin 167

Anne Hakkı 169

UĞUR KOŞAR KİMDİR?

TTS (Theatrical Therapy System) ve Nur Terapisi'nin kurucusu olan düşünür, psikolojik danışman ve yazar Uğur Koşar, Doğu'nun Zen öğretisi (farkındalık) ile sufiliğin "kalp gözüyle bakışını" harmanlayarak kendine özgü üslubuyla insanların kendi öz varlıklarıyla buluşmasına, böylece zihnin sesini susturarak kalıcı bir huzurla yaşamlarına devam etmesine yardımcı olmaktadır.

Uğur Koşar der ki: "Ben sizi yeni bir şeyle tanıştırmıyorum, sadece sizin unuttuğunuz kendi özünüzle tekrar buluşmanıza vesile oluyorum."

Usta, "Yaşam matematik değil bir şiirdir ve içinde nefes aldığınız bu hayat, beyinlerin gelişmesinden öte yüreklerin ve ruhun olgunlaşmasıyla gelen bir kutlama olmalıdır" diyerek yaşamanın aslında bir sanat olduğunu anlatmaktadır.

Onun görüşüne göre, mutsuz insan yoktur, mutlu olacağına inanmayan insanlar vardır ve insanları yorgun kılan yaşam değil, taşıdıkları maskeleridir.

Uğur Koşar "Her soru önce kendi cevabını doğurur" sözleriyle insanların aradığı cevapların aslında kendi derinliklerinde mevcut olduğunu ifade eder.

O, yaşam yolculuğunda insanların kendilerini keşfetmeleri ve kendi derinliklerinde bulunan mevcut cevaplara ulaşmaları adına, insanları sadece düşündürmeye ve onların farkındalık kazanmalarına, baktıklarından daha derine bakarak Allah'ın mucizelerini görmelerine, O'nu kucaklamalarına yardımcı olmaktadır.

Onun şu sözleri insanlara farkındalık kazandırmaya yöneliktir:

"– Yaşam geçmiş ile gelecek arasında açmış bir çiçektir, onu sadece şimdiki anın içinde koklayabilirsin.

– Kendi hayatını yaşamıyorsan, yaşadığın hayat senin değildir!

– Dışarıda mucize arama. mucize sensin.

– Önemli olan hayatın ne zaman son bulacağı değil, onu ne zaman hissederek yaşamaya başladığındır.

– Ben size mutlu olmayı değil, mutluluğa dönüşmeyi gösteriyorum.

– Allah kitaplarını insana göndermişken, O Peygamberlerini insana göndermişken, cennetinin kapılarını açmışken ve O sana bu kadar çok değer veriyorken, sen nasıl olur da kendine değer vermezsin?

– Sadece yaşamın gerçekliğine uyum sağla, ruhun ağlamaya ihtiyacı varsa ağla, gülmeye ihtiyacı varsa gül, her deneyimi yaşa, kontrol etme. Şayet kontrol edersen bütün enerjini dışarıya akıtmış olacaksın. Sessiz ol ve yaşamın akışını izle, o akışta gelen her şey bir mucizedir."

Uğur Koşar, insanlığın temel sorunlarından birini ise şu sözlerle ifade etmektedir:

"İnsanlar isyanda, hayat çoğu için yaşarken bitmiş durumda, çünkü hep başkalarının hayatını yaşamaktalar. Bu hayat onların değil; başka bedenlerde, başka ruhlarda hayat buluyorlar ve onlar gidince hayat da anlamını yitiriyor. İnsanlığın en büyük sorunu budur. Kendi hayatını yaşamıyorsan, yaşadığın hayat senin değildir. Nasıl olabilir ki? O hayat başkasına bağlı ve o gittiğinde yahut ilgisini yitirdiğinde sen de eriyor, tükeniyorsun! Olanları izlediğinde şahit olacaksın ve o zaman varlığın farkındalıkla dolacaktır."

UĞUR KOŞAR'IN TERAPİSİ HAKKINDA

(İnsanların Uğur Koşar'a dünyanın dört bir yanından gelmelerinin sebebi; panik atak, anksiyete, takıntı, özgüven eksikliği, depresyon sorunlarına tek seansta ilaçsız çözüm sunduğu içindir. İlginize teşekkür ederiz...)

Uğur Koşar terapisiyle ilgili şu sözleri dile getirmiştir:

"Öncelikle şunu çok net belirtmeliyim: Terapi görmek için yıllarca uzmanlara, psikologlara gitmiş ama çare bulamamış insanlarla görüşmeyi seçiyorum. Bunu sana kimse söylememiş olabilir, fakat depresyon artık senin aydınlanmanın, çiçek açmanın habercisidir. Bir çiçek tohumunu düşün; tohumun filizlenmesi, çiçek vermesi için nasıl ki artık son derece patlamaya hazır duruma gelmesi gerekiyorsa insan da depresyondayken çiçek vermeye hazır demektir.

Yahut gebe bir kadını düşün lütfen. Onun doğum gerçekleştirmesi için dokuz ay sürenin geçmesi, artık karnının burnuna gelmesi, bir patlamaya bir sıkışmaya hazır olması gerekir, öyle değil mi? Yoksa bebek sağlıklı doğmayacaktır. Bebek dört aylıkken doğarsa ölecektir. İşte bu yüzden senin dibe vurman, depresyonda olman benim için son derece güzel bir şey. Bana artık senin çiçek açmana yardımcı olmak, sadece bu negatif enerjini pozitife dönüştürmek kalıyor.

Psikolojik sorun yoktur, sadece zihinsel bir işletim hatası vardır. İnsan zihni kullanmasını bilmiyor, çünkü onun kullanma talimatını kimse vermedi! Ben insanlara zihnin nasıl kullanılacağını gösteriyorum ve onlar kolayca özlerine ulaşıyor, kalıcı sonsuz huzurla tanışıyorlar, tek sırrım budur.

Burada olduğuna göre uzmanlara, psikiyatrlara gitmiş, ilaçlar almış ama kendi özünle buluşamamış olmalısın. Sana yardımcı olamadılar, çünkü sen derin bir uykudasın, tıpkı geceleri yatağında uyuduğun gibi ve bu durumda sana verilen komutları algılayabilir, onları idrak ederek yaşamında uygulayabilir misin?

Hayır, bunu nasıl yapacaksın? Sen zaten bir uykudasın... Uykuda olan hiç kimse dışarıdan verilen komutları rüyasında uygulayamaz. Bu yüzden psikologlar, psikiyatrlar insan üzerinde kalıcı bir mutluluk sağlayamamıştır, çünkü onlar farkında olmadan insanlar derin uykunun içindeyken terapi vermişlerdir! Kişinin öncelikle derin uykusundan uyandırılması gerekir ve benim yaptığım sadece sizin uyanmanıza yardımcı olmaktır, sonsuz huzur ise tıpkı kâbuslu bir rüyadan uyanır gibi kendiliğinden bir anda gelecektir."

"İnsanları yorgun kılan hayat değil, taşıdıkları maskeleridir" diyerek de birçok insanın farkında olmadan takmış olduğu maskelerinden sıyrılarak kendi özüyle buluşmasını sağlayan üstat, şu sözleriyle insanları farklı bakış açılarına yönlendirmektedir: "Sorun hiçbir zaman problemler değildir, yaşam yolculuğunda problemler her zaman olacaktır, asıl sorun, zihnin oyununa gelerek problemlerle özdeşleşmemiz, onlara bir mıknatıs gibi yapışmamızdır."

Uğur Koşar "Mutsuzluk, zeki insanın bilgeliğe dönüşüm aracıdır" diyerek danışanlarına, acıyı bir araç olarak kullandırıp sonra onu sonsuz bir huzura dönüştürmekte ve kendine özel öğretisiyle görüşme seanslarında bunu yaşatarak anlatmaktadır.

Usta, "Dikkatle izlemenizi isterim. Biri sizi üzdüğünde o aslında size sadece bir iğne batırmıştır; öfke, tepki, üzüntü ise sizin içinizden yükselir!" diyerek insanları kendi içine yönlendirip orada özü merkeziyle buluşturarak sorunların sonsuz bir huzura dönüşmesine; kendine özgü birçok öğretisiyle danışanlarının farkındalık kazanmasına ve bilgelik boyutuna ulaşarak aydınlanmasına yardımcı olmuştur.

Psikologlar kitaplarını ve terapisini tavsiye etmektedir. Ünlü isimlere, birinci ligden futbolculara, yaşam koçlarına da terapi veren Uğur Koşar, görüşmelerini, İstanbul Mimaroba'daki özel çalışma ofisinde yapmaktadır.

Üstadın geliştirdiği, TTS (Theatrical Therapy System) tek seanslık başarı için geliştirdiği en ideal terapi sistemidir.

Kendisine **www.ugurkosar.com** adresinden ulaşabilirsiniz.

Her şey kendimi bulmakla başladı... Yeni bir hayat, yeni bir dünya, sandığımdan çok daha öte bir ben. Tıpkı Yunus Emre'nin dediği gibi: "Bir ben var bende benden içeri." Peki, o içeriye nasıl gidilecek? Bugüne kadar sana herkes sadece konu başlığı verdi: "Mutluluk içinde." Ancak oraya nasıl gidileceği hakkında kimse bir fikir vermedi. Bu yola çıkarken bilgelik adına çıkmıştım ve huzuru velilik yolunda buldum! Çünkü onun içinde Allah vardı!..

İşte benim tüm niyetim, seni varlığınla tanıştırmak. Bir kez oraya ulaştığında, zihin denen perdeyi, nefis denen karabulutu bir kez buhar ettiğinde ortaya gerçek sen çıkacaktır. Sandığın sen sadece beden ve zihinden ibaretti. Artık özüne ulaşma, Rabb'ini iliklerine kadar hissetme zamanın geldi.

Bu kitabı yazmak için bir haber bekliyordum, bir işaret. Mutlaka bir olma zamanı vardır ve ben hiçbir zaman acele etmem. Niyet eder ve Allah'a bırakırım. Daima anımsa: Arzu şeytanidir, niyet ise rahmanidir. Bu senin yaşam anahtarın olsun. Ne zaman kendini bir arzu içinde bulursan hemen şeytanın elinden tuttuğunu anımsa, çünkü o sana yoğun bir şekilde onu elde etmeni söyler.

Tıpkı günah işlettiği gibi!

Her ne istiyorsan –eş, ev, araba vb.– şeytanın işi onu sana elde ettirinceye kadar arzulattırmak; sen onu elde edince ise gerçekleri göstererek aradan çekilmek; seni vicdanın, Rabb'inle baş başa bırakmaktır.

Sen henüz flört döneminde yoğun istekle bu adamla evleneceğim dersin, o benim ruh ikizim dersin ve kimseye aldırış etmeden evlenirsin ama şeytan seni evlendikten sonra gerçeklerle baş başa bırakacaktır. Adamın artık maskesi düşer, ruh ikizi sandığın o adam sanki başka biridir! Ve bu hep böyle olmuştur. Bu senin nişanlın değil, o gitmiş ve yerine sanki başka biri gelmiştir!

Bu yüzden arzu şeytanidir. O senin elde etmen için gözüne perde indirir ve elde ettikten sonra perde kalkar. Gerçekleri gördüğünde ise canın yanmaya başlayacaktır. Yaşam yolculuğunda daima isteklerin olacaktır, niyet de bir istektir, ancak bunun içinde rahmet vardır, nur vardır, Allah vardır.

Niyet ederek başladığın her şeyde Rabb'inle birlikte yürümüş olacaksın. Ve sen bir kez Allah'a tam tevekkülle sığındığında o seni asla şaşırtmaz. O ne güzel vekil (yardımcı) ve dosttur.

Yeni biriyle mi tanıştın, hemen niyet et ve de ki: Ey Rabb'im! Ben bir yola çıktım, niyetim evlenmek ve huzurlu bir yuva kurmak. Ancak Evvel ve Ahir olan sensin; Alim olan, en iyi bilen de sensin. Ben sonumu bilemem ki, bu mümkün değil. Bu yüzden sana geldim, kapını çaldım. En iyi bilene tam tevekkülle sığınarak niyetimi sunuyorum. Şayet sevdiğim bu insanla evlenmem hayırlı olacaksa bana bu evliliği nasip et, eğer bu evlilik beni yorup yıpratacaksa sen henüz başlamadan evliliğime "Mâni" isminle engel ol. Bu yolda seni Vekil kıldım.

Artık üzerindeki yükü bıraktın. Artık sorumluluk sende değil, onu Rabb'ine verdin. Şimdi rahatça gözlerini kapatıp uykunu da uyuyabilirsin. Çünkü "El-Vekil" olan Allah sana yardımcı olacaktır. İşte o zaman bu evlilik olsa da olmasa da sevineceksin!

Veli kulun biri demiş ki:

"Ben Allah'tan isterim, niyet eder ona bırakırım, Allah verirse bir kere sevinirim, vermez ise on kere sevinirim."

Ve yanındakiler şaşırmışlar:

"Bu nasıl olur? İnsan hiç Allah'ın vermediğine sevinir mi?"

"Ben sevinirim" demiş veli kul. "Allah'ın o verdiği benim istediğim içindi, vermediği ise kendi tasarrufudur, ben bilmem ki, benim hakkımda en iyi bilen Alim olan Allah'tır."

İşte bu yüzden O'nun hakkındaki seçimi her ne ise güzeldir; bu hoştur, bu rahmettir, bu nurdur. Ve sana bu yüzden "Allah de ötesini bırak" diyorum. Bunu ben söylemiyorum, ben sadece vesileyim... Bunu, sadece sana anımsatıyorum.

"Kulillah sümme zerhum. (Allah de ötesini bırak.)" [Enam Suresi, 91. ayet]

Bir kez Rabb'inle yola çıktığında hayatın seni yorması mümkün değildir. Nasıl mümkün olabilir? O en güvenilir olandır. Ne anne ne baba ne evlat ne eş... Allah'tan başka sığınacak kimin olabilir?

"Dünya hayatı bir oyun ve eğlenceden başka bir şey değildir. Müttaki olanlar için ahiret yurdu muhakkak ki daha hayırlıdır. Hâlâ akıl erdiremiyor musunuz?" (Enam Suresi, 32. ayet)

Ben değil Rabb'im soruyor...

Evet! Hâlâ akıl erdiremiyor musun?

Şimdi sana kalıcı mutluluğun formülünü veriyorum. Artık tüm formülleri bırakabilirsin. Öğrendiğin tüm teknikleri de bırak, çünkü "Kalpler ancak Allah'ı anmakla huzur bulur". (Rad Suresi, 28. ayet)

Bu kitapta sana hiçbir şey öğretmeyeceğim, öğretme fikri bile ürkütücü. Kimse kimseye bir şey öğretemez, sadece göremediğin cevapları görülür hale getirmek için buradayım. Sen köfteyi yutuyordun, ben ise sana onu çiğnemeni gösteriyorum. Çiğne ki köftenin tadı damağında kalsın. Çiğne ki yaşamın lezzeti gelsin.

Bir şeyi bilmenin sana kıvamı yoktur. Ekmeğin karnını doyurduğunu bilirsin, bunu adın gibi bilirsin, ancak ekmeği masanın üzerine koyup da ona sadece bak, onu yeme, sadece bilgiyle kal, dediğimde ne olacak? Bedeninde ne kadar yağ varsa iki üç ay içinde tükenecek, bedenin kendi kendini yemeye başlayacak ve sonra iflas edecektir. O halde senin ekmeğin karın doyurduğuna dair olan bilgine ne oldu? Şimdi o ne işe yaradı?

İşte bir Allah'ın varlığını bilmenin de, bir yaprağın Allah'ın izniyle kıpırdadığını bilmenin de senin ruhuna kıvamı yoktur. Ağacın altından yürüyüp geçeceksin ve hiçbir şey hissetmeyeceksin. Allah'ın rahmeti orada ağacın dalında, esen rüzgârda, uçan kuşta ancak sen yoksun! Bu yüzden ben senin daha farkında, daha aydınlık, tefekkürle yaşamanı istiyorum.

Tefekkürün tadını bir kez aldığında artık senin yaşamına renk gelmeye başlar. Tefekkür nedir? O farkındalıktır, şimdiki anın içinde kalmaktır. Ancak ben sana bilgeliğin bahsettiği, şu herkesin dilinde olan şeylerden söz etmiyorum. "Daima farkında ol, şimdiki anın içinde kal" demekle olmaz. Artık bunu herkes öğrendi, herkes aynı şeyi söylüyor. Ancak nasıl farkında olacağını kimse bilmiyor, nasıl şimdiki anın içinde kalacaksın?

Benim sözünü ettiğim farkındalık ve anın içinde kalmak tefekkürdür ve bunun içinde bilgelikten öte velilik vardır. Allah vardır!.. Rahmet ve nur vardır. O'nun sonsuz enerjisi, hiç kesilmeyen sevgisi vardır.

Sana çok kısa olarak "nur terapisi"nde yaptırdığım bir tefekkür çalışmasını burada yaşatmak isterim. Dilersen her gün 1 dakika olacak şekilde başlayarak bunu yaşamına uygulayabilirsin. Bu senin ruhunun gıdasıdır. Tefekkürün içinde farkındalık ve anın içinde kalmak vardır. Tekrar ediyorum, bu bilgelikten ötedir, çünkü içinde Rabb'inin rahmetini, o muazzam enerjisini hissedeceksin.

Ruhun birçok besini vardır. Sana burada hepsinden söz etmeyeceğim. Belki başka bir kitapta... Ancak bu kitabın özü, kaldıramadığın üzerindeki o yükü tam güvenceyle, tevekkülle Allah'a bırakmak adınadır.

Tefekkür ise –ben ona "ruhun suyu" diyorum–, bedenine su veriyorsun, ancak özün yani ruhun susuz kalmış! O halde sen kurumuş bir çöl gibisin. Peki, tefekkürü nasıl yapacaksın?

Belki de Allah'ı, sonsuz rahmetini, enerjiyi, ilk defa bu kadar yakından, iliklerine kadar hissedeceksin. Bu çok derin bir çalışmadır, niyetin Allah'ın rızasını, dostluğunu kazanmak adına olsun ve ister parkta otur, ister balkona çık... Günde 1 dakikayla izlemeye başla, her ne oluyorsa Allah'ın üzerinde bulunan o kesintisiz emrini, rahmetini gör...

Ve şimdi gökyüzüne çevir gözlerini... Bulutları göreceksin... Onlar gökyüzünde askıda gibi duruyor, düşmüyorlar ve bazen sola bazen de sağa doğru ilerliyorlar. Üzerlerinde kayyum olan Allah'ın emrini hisset. Allah onlara kesintisiz olarak ayakta durun, diyor. Bir an bıraksa bulutlar yere düşerlerdi! Ve her şeye kadir olan Allah'ın rahmetini diğer tecelli ettiklerinde de görmeni isterim.

Ağacın yapraklarına bak, kıpırdadığını göreceksin. Bazen hafif, bazen ise şiddetle sallanır. Rabb'im nasıl uygun gördüyse öyle kıpırdarlar. Ve şimdi o ağacın üzerindeki emri gör... Acele etme... Yaprak Allah'ın izniyle kıpırdıyor, o yaprağın üzerinde kesintisiz olarak ne emri var? "Kıpırda, kıpırda, kıpırda..." Bir an olsun bıraksa yaprak duracak.

Ve başını çevir... Oradan geçmekte olan birini görebilirsin... Yürüyen bir insan yahut bir kedi, bir köpek... Üzerinde ne rahmeti, emri var? "Yürü, yürü, yürü, yürü..." Bir an bıraksa dururlardı. Ve uçan kuşa gözlerini çevir... Tefekkür et... Kuşun üzerinde uç emrini hissetmeye başlayacaksın. Rabb'in ona, "Uç, uç, uç, uç, uç..." diyor. Bir an bıraksa kuş düşüverir. Uçması mümkün değildir.

Ve kendi üzerine dön... Kendi üzerinde olan rahmeti belki de uzun bir aradan sonra ilk defa hissedeceksin. Daha önce biliyordun ancak ben bilmeye karşıyım, bilmek senin ruhunu doyurmuyordu. Şimdi üzerindeki rahmeti yutacaksın, tüm hücrelerine kadar hissedeceksin.

Evet senin üzerinde kesintisiz olarak şu an "gör" emri var. Şu satırları okurken bile tefekkür edebilirsin. Allah gör dediği için görüyorsun. "Gör, gör, gör, gör..." Bir an bıraksa kör olursun, görmen artık mümkün değildir.

Ve üzerinde olan diğer rahmeti hisset. Evet, o "duy" emridir Rabb'inin. Şu an her ne duyuyorsan üzerinde duy emri olduğu içindir. Bir an bıraksa o emri Allah sağır olurduk. Bunu çoğaltabilirsin... Bu senin elinde ve tefekkür yapmak için zamanım yok diyemezsin, bu mümkün değil, çünkü olan her şey Allah'ın rahmetiyle tecelli eder.

Televizyon izlerken, görür ve duyarsın; önünden biri geçerken tefekkür edebilirsin, işyerinde, yemek yerken, telefonda konuşurken, her an... Her an Allah seninledir, tabii ki hissedersen, O'nu ruhunda hissetmek istersen... Ve bunu kim istemez ki?

İki cihan güneşi sevgili Peygamber'imiz anlatıyor:

"Arkadaşlar az önce yanımdan ayrılan Cebrail 'Ey Muhammed (S.A.V)! Seni insanlığa aydınlık yolu göstermek üzere hak Peygamber olarak gönderen Allah'a and olsun ki' diye söze başlayarak bana şu ibret dolu hikâyeyi nakletti:

Vakti zamanında bir mümin dünyadan el etek çekerek deniz ortasında ıssız bir adaya yerleşir. Burada insanlardan ve dünyalık işlerden uzak, ibadet etmeye koyulur. Bir süre ibadet ettikten sonra acıkmaya ve susamaya başlar. Ama nerede? Adada yalçın kayalarla, kıyıyı döven azgın acı deniz suyundan ve bir de kendinden başka bir nesne yoktur.

Günler haftaları, haftalar da ayları kovalarken abid kişi gittikçe güç ve takattan düşmeye başlar. Bu arada benzi solan, yüzü sararan abid ibadetlerinin ardından durmadan, 'Ey Rabb'im bana yiyecek ve içecek bir şeyler ihsan et ki, ibadet etme gücümü kaybetmeyeyim' diye Allah'a yalvarıp yakarır.

Günlerden bir gün kudretine nihayet olmayan Allah yalçın kayalar arasından buz gibi soğuk, şerbet gibi tatlı bir kaynak fışkırtır ve etrafında kor gibi narlarıyla boy salmış koca bir nar ağacını dalgalandırarak O'nun bu dileğini yerine getirir.

Abid, artık bütün gün ibadet ettikten sonra kaynağın başına iner, nar ağacından tek narını koparıp yer ve abdestini alarak tekrar namaz kılmaya koyulur. Namazlarının ardından da, 'Ey Rabb'im! Canımı secde ederken al, beni öldürüp de cesedimi toprak içinde çürütme, beni kıyamete kadar secde etmekten mahrum bırakma' diye dua eder. Bu böyle tam beş yüz yıl sürüp gider. Nihayet bir gün Yüce Allah dileğine uygun şekilde ruhunu teslim alır."

Bundan sonrasını Cebrail şöyle anlatıyor:

"Gerçekten biz o ıssız adaya iniş ve çıkışlarımızda gerçek Allah bağlısı mümini hep secdeye kapanmış, Allah'ı zikrederken gördük. Kıyamet kopup bütün insanlar dirilerek mahşer toplantısına getirildiklerinde onu yine ilahi sırlara dalmış ibadet eder bulacağız. Herkes bir bir Allah'ın huzuruna çıkarak hesaba çekilirken o da gelecek. Yüce Allah ona şöyle seslenecek:

'Ey abid kulum, seni yaygın rahmetim sayesinde cennete sokuyorum, buyur gir.'

Abid ise şöyle cevap verecek:

'Hayır ey Rabb'im! Amelim sayesinde cennete girmeye hak kazandım.'

Allah:

'Ey melekler, kulumun işlediği ibadet ve amellerle kendisine ihsan ettiğim nimetleri bir bir karşılaştırın.'

Abidin amelleri ile Allah'ın kendisine verdiği nimetler karşılaştırılarak ölçü ve tartıya vurulacak. Bir tek gözü beş yüz yıl ibadetlerden ağır basacak. Geri kalan diğer nimetlere karşılık ibadet düşmeyecek.

Ardından Allah:

'Bu kulumu cehenneme atın' diye emredecek.

Abid:

'Ey Rabb'im, yanılmışım, bağışla. Yaygın rahmetin sayesinde cennete girebilirim elbette' diye haykıracak.

Allah:

'Onu buraya getiriniz.'

Abid, Allah huzuruna varacak, duracak.

Allah:

'Ey kulum, söyle bakalım. Seni yoktan kim var etti?'

Abid:

'Sen Ey Rabb'im!'

Allah:

'Bu var etme olayı senin amelinle mi, yoksa benim geniş ve yaygın rahmetimle mi meydana geldi?'

Abid:

'Şüphesiz ki senin rahmetinle.'

Allah:

'Beş yüz yıl gibi uzun bir süre sana ibadet etme gücünü veren kim? Issız adada seni tatlı suyla, her gün narla besleyen kim? Ve yine secde ederken ruhunu teslim alan kim?'

Abid:

'Sensin Ey Rabb'im!'

Allah:

'İşte bütün bunlar benim geniş ve yaygın rahmetim sayesinde meydana gelmiştir. Bunları kabul ettikten sonra mesele kalmadı. Şimdi doğru cennete...' "

Cebrail sonunda:

"Ya Muhammed (S.A.V)! Her şey Allah'ın rahmetiyledir" der.

Senin görmen, duyman her şey Allah'ın rahmetiyle olur.

Ne kadar günahkâr olursan ol, Rabb'ine ne kadar uzak olursan ol, O öyle merhamet sahibidir ki, rahmetini senin üzerinden çekmez...

O'nun rahmetini hisset ve işte o zaman yaşadığını anlayacaksın...

EVLİLİKTE VE İLİŞKİLERDE
"ALLAH DE ÖTESİNİ BIRAK"

Birlikte yaşamak zorunda olduğun, enerjini çeken, seni yoran insanlar olacaktır. Eşin, kayınvaliden, patronun yahut evladın. Şimdi bunları terk edip nereye gidebilirsin ki? Kaçış çare değil... Ancak Mevlana kıvamına gelmen adına sana yardım etmek isterim.

Mevlana zamanında yaşadığını düşün. Onu ziyarete gidiyorsun ancak muazzam bir kuyruk var. Hazreti görmek için iki gün kuyrukta bekliyorsun... Stres var, yorgunluk var; her an patlayacak bomba gibisin... Ancak içeri girdiğinde Mevlana'ya öfkelenmen söz konusu bile olamaz, öyle değil mi? Onu gördüğün an senin tüm olumsuz enerjin değişecektir. Çünkü karşında şeffaf bir ayna vardır.

Şimdi kime bağırabilirsin ki? Bu adam sadece gülümsüyor. Sen ona ne söylersen söyle Mevlana sana gülümseyecektir. Çünkü o rahmetin içindedir. Onun enerjisi seni de dönüştürecektir. Artık öfken yerini sevgiye bırakır.

Ancak tam tersi bir olay düşün. Bir psikiyatra gittiğinde ve seni bırak iki gün iki saat beklettiğinde ve sen içeri girince ona "Ben işyerimden kısıtlı izin aldım da geldim..." yahut "Çocuğumu komşuya bıraktım da geldim, beni niçin beklettiniz?" diye öfkelenebilirsin. Evet, normal bir insana bağırabilirsin çünkü o rahmetin içinde değildir, onu yüzünden hemen anlayabilirsin, onu gözlerinden hemen tanırsın.

Bu yüzden ben seni Mevlana kıvamına getirmek, onun içindeki rahmetle buluşturmaya vesile olmak isterim. Bunu bana danışmak için gelen evli çiftlere çok yaparım. Bir keresinde bir hanım danışanım görüşme sonrası beni arayarak şöyle demişti:

"Hocam, eşim tam bana bağırmak üzereyken artık susuyor ve gülmeye başlıyor, bana bırakın hakareti, kötü bir söz bile söyleyemiyor."

Evet artık sana kızamazlar, o boyuta geldiğinde senin üzerinden yükselen o rahmetten doğan enerji tüm alanı kaplar, karşındaki öfkeli insana işler... Ve der ki: Ben bu kadına yahut bu adama nasıl bağırabilirim ki? Ona ne söylersem söyleyeyim sadece bana gülümsüyor. Tam olarak bu olur, bu psikoloji hemen karşındaki insanı sarar. Peki, Mevlana kıvamına nasıl geleceksin? Bunun için zihni, onun hilelerini tanıman gerekiyor.

KİŞİ KİŞİNİN AYNASIDIR

Bir gün Peygamber Efendimiz (selamların en güzeli üzerine olsun) arkadaşlarıyla otururken Ebu Leheb meclise giriyor ve Efendimiz'e "Ya Muhammed (S.A.V), birçok yerleri gezdim, senden daha çirkinine rastlayamadım" diyor.

"Doğru söylüyorsun ya Ebu Leheb."

"Herhalde dünyanın en çirkini sensin."

"Haklısın ya Ebu Leheb" diyor Efendimiz.

Biraz sonra Hz. Ali (R.A) (selamların en güzeli üzerine olsun) içeri giriyor ve tevafuk bu ya o da:

"Ya Muhammed (S.A.V), bu dünyada senden güzelini göremedim."

"Doğrusun ya Ali."

"Sana baktıkça içime huzur doluyor."

"Doğrusun ya Ali" diyerek Efendimiz onu da tasdik edince meclisteki sahabe:

"Ya Resulullah, biraz önce Ebu Leheb geldi 'Ne kadar çirkinsin' dedi, 'Doğru söylüyorsun' dediniz; şimdi Ali geldi 'Ne kadar güzelsiniz' dedi, ona da 'Doğrusun' dediniz. Hikmeti nedir?" diye sorunca, Efendimiz de şöyle dedi:

"İnsan insanın aynasıdır. Kişi kendisi nasılsa, karşısındaki insanı da öyle görür."

Daima anımsamanı isterim. Bizim işimiz kalbimizi kıranla oyalanmak değil, kırılan yeri bulmaktır. Ve kalp kırılmaz. Kırılan bir şey varsa o gurur, onur, egodur!..

Ve bunu fark etmek, bir egonun olduğunu kabul etmek, özüne ulaşan kapıyı açmak demektir.

Zihin sana ne zaman ne göndereceğini iyi bilir, o tam bir şarlatandır. Devamlı senin enerjini almak, seni yormak adına açık bir kapı arar. Senin üzerinde bir zayıflık anını kollar. Zihnin en sevdiğin hilelerden biri de kavga anında suçlu aramak, haklı çıkmak ihtiyacıdır. O seni devamlı dışarıya yönlendirecektir.

Biriyle bir çatışma olduğunda hemen cevap vermeni ister, seni bu şekilde koşullandırmıştır. Cevap veremezsen içini kemirir... Sustuğunda bastırmış olursun ve bu sonra hastalık olarak nükseder. O halde ne yapabilirsin?

Ben sana ne bastırmaktan ne de cevap vermekten söz ediyorum, seni içindeki rahmetle buluşturmaktan yanayım. Zihnin seni bir tartışma anında devamlı dışarıya odaklı tutmasındaki amaç, seni kendi kaynağından uzaklaştırmaktır. Çünkü sen dışarıyı suçlamayı bırakarak bir kez içine dönersen, kaynağından yükseleni bulursan artık zihnin tüm hilesi son bulur, ego bir anda buhar olur.

Dikkat et! Dışarıda seni kıran binlerce insan vardır ve bunların hiçbirini kontrol etme şansın yoktur, ancak kontrol edebileceğin, senin elinde olan tek bir şey vardır, o da içindeki kırılan kısım yani egodur! O halde ne yapacaksın? Ne zaman biri seni üzmeye kalksa içine dön ve orada kırılanı bul. Kalp kırılması diye bir şey yoktur, bunu sana kim söylediyse kendini kandırmış olmalı. Kırılan gurur, onur, egodur. Ve bunu bir kez kabul ettiğinde işte sen rahmete ulaşmak için ilk adımı atmış olursun.

Veli kulun biri köyden geçerken yolunu çevirmişler ve ona hakaret etmişler, kimi taş atmış, kimi ağır söz söylemiş...

Veli kul da onlara gülümseyerek teşekkür edip "Sizin köyünüze tekrar geleceğim ve o zaman sizi dinleyeceğim" diyerek oradan uzaklaşmak istediğinde adamlar şaşırmışlar. –Dikkat et, biri seni o savaş alanına, üzerinde taşıdığı o negatif dünyasına çekemezse çıldırır.

"Nasıl olur?" demişler. "Biz sana hakaret ediyoruz sen ise bize gülüp teşekkür ediyorsun!.."

Veli kul cevap vermiş:

"Ben sizin ne istediğinizin farkındayım. Siz benden cevap vermemi istiyorsunuz, bundan yıllar önceki halim olsaydı size çok güzel cevap verirdim, sizi susturmak için her şeyi yapardım, ancak onu bırakalı çok oldu. Şimdi burada öyle biri yok!"

Bir veli, bir Allah dostu yahut kendini bilen biri dışarıdan gelenle ilgilenmez. Dışarıda olanın bir tetikleyici olduğunun farkındadır. O haklı ya da haksız olmanın zihnin oyunu olduğunun idrakindedir. Haklı olmak ihtiyacı egodan kaynaklanır. Onun özünde şu bilinç yatar: Ben haklıyım, sen haksızsın. Sen kusurlusun, ben kusursuzum. Bu hiçbir zaman çözüm olmamıştır, hiçbir evlilikte cevap yapıştırmak çözüm getirmemiştir, nasıl getirebilir? Ancak savaş çıkacaktır, birbirinizi yiyeceksinizdir!..

Bu yüzden daima kaynağını anımsa. Bizler dışarıdan gelenle ilgilenmeyiz, içimizden çıkanla ilgiliyizdir. Dışarıdakini kontrol etme şansın yoktur, bunu unutma, ancak içeriden çıkan senin kontrolündedir.

Şayet senin içinden kin, kırgınlık, öfke çıkıyorsa sen rahmetten uzaktasındır, egonun ta içindesindir. Çünkü Allah bizi sevgi, merhamet ve aşkla yaratmıştır. Bunun dışında senin kaynağından ne yükseliyorsa o şeytanidir. O nefsin ektiği nifak tohumudur. Şimdi onu yakalama zamanı geldi. Şimdi şeytanı nifak tohumu ekerken suçüstü yakalama zamanıdır... Ve bu seni yavaş yavaş daha derinlere doğru getirmeye başlayacaktır. O halde ne yapacaksın?

Cevap vermek yerine o an içine dön ve kaynağından çıkanı izle. Zihin şoke olacaktır. "Sen bugüne kadar hiç düşünmeden koşulsuz olarak karşı tarafı suçlardın, ona cevap verirdin, şimdi ne oldu da içine döndün?" diyerek serzenişte bulunacaktır. Senin içine dönmen şeytanın nifak tohumunu (öfke) ekerken onu suçüstü yakalaman demektir.

Ve zihni bir kez yakaladığında, öfkenin aslında dışarıdan gelmediğini, dışarıda olanın sadece içindeki öfkeyi tetiklediğini fark ettiğinde, işte bu senin huzura açılan kapın olacaktır.

Sen soğanı gördüğünde dışından onu soğan sanıyorsun oysa onun özü ortasındaki cücüğüdür.

Ve şimdi artık senin de özüne, daha derinlerine doğru yaklaşma zamanın geldi. Kim kalbini kırmak isterse, ne zaman rahatsız olacağın bir söz duyarsan hemen içine dön, dışarıyı tamamen bırak ve içinden çıkanı izle... Dışarıdakinin sadece bir tetikleyen olduğunu, öfkenin kendi içinden çıktığını göreceksin...

Ve onu bir kez yakaladığında öfke denen o karabulut o an yok olacaktır. Bu bastırmak değildir, burada çok ince bir nüans vardır; ben sana bastırmaktan, kendini tutmaktan söz etmiyorum. Tam aksine farkında olarak içine dönmeni ve içinden çıkanı izlemeni istiyorum. Artık senin öfkeyi yok etmek için bir çaba harcamana gerek yoktur, şeytanın tüm büyüsü, o nifak tohumu ekmek isterken sen onu yakaladığında biter. Artık o hareketsiz kalacaktır. İçinden öfke çıkması mümkün değildir.

Nisa Suresi, 76. ayette ne diyor Rabb'im: "Şüphesiz şeytanın hilesi zayıftır."

Elbette, onun hilesi çok zayıftır ancak bunu uyandığında görebilirsin. Sen daha önce bağırıp çağırarak isyan içindeyken şimdi bir uyanışın eşiğindesin. Ve bunu birkaç kez tekrarlaman gerekecek. Oğlun mu kızdırdı, içine dön ve orada öfkeyi bul. Biri bir şey mi söyledi, içine dön ve içinden yükselen kızgınlığı bul.

Soğanın kabuğu, zarı açılır, açılır ve işte en son birkaç defadan sonra sen özünle, rahmetle tanışmış olursun. Bu zor değildir, zoru zihin var eder, zor olan bir şey yoktur. Bir kez zihnin, nefsin, şeytanın hilesinin farkına vardığında, onun senaryosunu çözdüğünde artık bu hile sana zarar veremez ve artık sen bunun farkındasındır...

Buraya kadar olan kısmına dikkat edersen sana tohum ekmeyi gösterdim. Elbette Allah'tan istemek için önce tohum ekmek gerekiyordu. Bir toprağa çiçek tohumu ekmeden yağmur yağması için dua etmenin anlamı var mıdır? Ve şimdi artık hazırsın. Sen elinden geleni yaptın, elinden gelmeyen kısmı için de Allah'a yönelmenin vakti geldi.

Söylenecek çok şey varken bile sus.
Susmak boyun eğmek değil, tam aksine olgunlaşmanın ilk
adımıdır. Ve daima anımsa:
Sen sustuğunda melekler konuşmaya başlar.

Her haklı olma ihtiyacı hissettiğinde farkına varmanı isterim:
Ego senden doyum bekliyor!
Ve hemen onu sustur; onu beslemeyeceğini kibarca söyle ve
sevgiyle yerine oturt...

SEN GÖNLÜNÜ KIRANA
İSYAN ETMEKTEN,
KIRIK GÖNÜLLERE MERHEM OLAN
ALLAH'I UNUTUYORSUN...

Ne diyor Yusuf Suresi, 86. ayette Hz. Yakup: "Ben dayanılmaz kahrımı, üzüntümü yalnızca Allah'a arz ederim." O halde "Allah de ötesini bırak". Ancak duayı göz ucuyla bile takip etme. Kul Rabb'ini imtihan etmez!

Allah sana kâfi değil mi? Hâlâ niçin derdini O'na bırakmıyorsun? "O kadar dua ettim hâlâ olmadı" deyip bırakmak olmaz. Karşında Allah var, en güvenilir olan var. O'na bıraktın mı derdini takip etmeyeceksin! Sen güvensiz davranıyorsun, senin tüm hatan bu! İnsanlar bana geliyor, "Hocam, ben dua ettim ama olmadı, bana yardımcı olabilir misiniz?" diyorlar.

Burada dur! Senin hal diline, ruh diline bakmanı isterim. Diyorsun ki:

"Hocam, ben Allah'a dua ettim ona bıraktım, bekledim, bekledim onu takip de ettim, sürekli gözüm üzerindeydi, acaba verecek mi duamın karşılığını diye daima tetikteydim ve Allah'tan umudumu kestim, sana geldim!" Şimdi bu nasıl güven, nasıl tevekkül? Sen hâşâ, "Allah bana vermedi, çarem sende" diyorsun!

Allah senin kalbini biliyordu. O kalplerde olanı bilir. O'na güvensizce yaklaştığında duanı bir yerde bırakıp Uğur kuluna döneceğini biliyordu, şimdi senin duana niye icabet etsin? İnsanlığın büyük kısmının yaptığı durum budur. O kadar güvensizsin ki Rabb'ini bile teste tabi tutuyorsun!

Bir keresinde şeytan Hz. Ali (R.A)'ye dedi ki:

"Madem bu kadar Rabb'ine tevekkülle bağlısın hadi bakalım şu köprüden atla da seni kurtarsın Allah'ın."

Hz. Ali (R.A) durdu ve şeytanı o helak edici o muhteşem sözünü yüreğinden döküverdi:

"Ey iblis! Kul Rabb'ini imtihan etmez!"

Geçen gün eşinden mustarip olan, sürekli şiddet gören ve artık yaşamak için nedeni kalmadığını söyleyen bir hanım danışanım benden dua istemişti. Ben din adamı değilim, âlim değilim, hoca değilim... Sadece Rabb'ini tüm ruhuyla hisseden bir kulum. O'nun katında âciz bir kulum... Ancak ona dua vermek istedim. Ve şunu söyledim:

"Rabb'ine yönel ve de ki: 'Allah'ım sen Müheymin'sin, gözeten, koruyan sensin, beni koru Rabb'im. Ey El-Mâni olan Allah'ım! Eşimden bana gelecek her türlü belaya, şiddete sen Mâni isminle engel ol. Amin.' "

Kadıncağız bunu tam tevekkülle yapmış olmalı ki önceki gün bana dönerek şöyle mesaj atmış:

"Hocam, Allah razı olsun sizden, bana verdiğiniz dua kabul oluyor, her gün okuyorum ve verdiğiniz günden beri eşim bana bağırıp çağırmıyor."

Evet... Eşinin sana bağırıp çağırması mümkün değil! Her şeyi yoktan var eden Allah için bu zerrenin zerresi olamaz ki. Ancak keramet tam güvendedir. Sadık kalmaktadır. Ve dikkat et, ben dualarda esmayı kullanırım. Ve sana bunu mutlak suret öneririm.

Rabb'im Araf Suresi, 180. ayette ne diyor? Anımsatmak isterim:

"En güzel isimler Allah'ındır, O'na o güzel isimleriyle dua edin."

O halde duanda mutlaka esmayı kullan, bunu ben değil Allah söylüyor.

Çünkü bu sana derinlik katacaktır, Allah'ı daha yakından hissetmeni sağlayacaktır. Birinin adını bilirsen, ondan rahatlıkla bir şey isteyebilirsin, adını bilmediğin birinden bir şey istemeye kalktığında bir tıkanıklık olacaktır. Her şeyin adını biliyorsun ancak Rabb'inin adlarını bilmiyorsun. Onların ne anlama geldiğinin çoğumuz farkında değiliz.

Hz. Ömer der ki:

"Ben duamın kabulüyle ilgilenmem ki. İçimde, ruhumda, yüreğimde dua isteği var mı ona bakarım.

"Ve ben de sana diyorum ki, dua ederken duadan öte dua edileni hisset. Sana kıvam katacak, ruhunu besleyecek duanın karşılığı değil, Rabb'i hissetmen olacaktır. Bu ince nüansa dikkat etmeni dilerim...

Ve kalbini kıran biri olduğunda Efendimiz ile Hz. Ebubekir'in şu kıssasını daima anımsa:

Sevgili Peygamber'imiz yakın dostu Hz. Ebubekir'le Medine'nin sıcak bir günü oturmaktadırlar. Biraz sonra içeriye bir adam girer. Etrafına baktıktan sonra Hz. Ebubekir'in yanına oturur ve hemen çirkin sözlerle Hz. Ebubekir'e saldırmaya başlar. Hakaret eder, onu küçümsemeye çalışır, ona tacizde bulunur. Hz. Ebubekir sabırla dinler. Olaya şahit olan Hz. Peygamber bu saygısız insanın haddi aşan çirkin sözlerinden rahatsız olsa da bir an için susar.

Adam nerede olduğunun, kimin huzurunda bulunduğunun farkında değilmiş gibi devam eder. Bu anlamaz adamın çirkin sözlerinden hayli rahatsız olmaya başlayan Hz. Ebubekir dayanamaz ve cevap vermeye başlar.

Hz. Ebubekir sınırı aşmadan, bu terbiye sınırını aşanın terbiyesini vermeye çabalamaktadır aslında. Hz. Peygamber'in huzurunda olduğunun farkında olan Hz. Ebubekir daha fazla susarsa Hz. Peygamber'in rahatsız olacağını varsaymıştır.

Hz. Ebubekir'in cevap vermesi üzerine Peygamber'imiz ayağa kalkar ve orayı terk eder. Hz. Peygamber'in uzaklaştığını gören Hz. Ebubekir telaşlanır ve Peygamber'imizin arkasından koşar. Diğer yandan da heyecan ve korku içinde söylenmeye başlar:

"Ey Allah'ın elçisi, sizi rahatsız edecek bir şey mi yaptım? Yanlış bir şey yaptıysam Allah'tan af dilerim."

Hz. Peygamber döner ve çok sevdiği dostuna şöyle buyurur:

"Ebubekir! Adam sana hakaret edip sataşmaya başladığında sen sustun, o esnada Yüce Allah'ın görevlendirdiği bir melek senin adına o adama cevap veriyor, sana da dua ediyordu. Sen sustukça melek seni savunuyor, adama karşılık veriyordu. Ne zaman ki sen de cevap vermeye başladın, işte o anda o melek orayı terk etti ve şeytan oraya girdi. Ben şeytanın bulunduğu ortamda durmam. Benim orayı terk etmemin sebebi işte budur."

Sana yapılan bu haksızlıklar, terk edilmen, aldatılman, şiddete maruz kalman... Sanma ki Allah sessiz kalıyor... O, sana, yavruna yaklaştığın merhametten daha merhametli olandır. Ancak Allah'ın sessiz kalması O'nun hikmetindendir ve Allah'ın hikmetine sual etme. O seni nurlandırmış, cennetten nehirleri üzerine bırakmış da gözlerinden bu yüzden yaşlar taşıyor!..

Bu sözleri yazıyorsam O dilediği içindir, O lütfettiği içindir. Ben kimim ki! Allah izin vermezse değil kitap bir harf yazamazdım. Allah "ol" demeden hiçbir şey katiyen olmaz.

Bir gün yüreğime O'ndan, sevgiliden, dosttan yine bir ilham, lütuf geldi.

"Kalbi kırık olan gönle bir melek gelir de orada yuva kurar" diye bir kenara yazmıştım. Burada belirtmek, sana da bunu söylemek kısmetmiş.

Ve daima anımsa; Allah kırık kalplerdedir... İşte bu yüzden Rabb'in ve melekler etrafındayken, sana bu kadar yakınken, artık mutsuz olmana şaşarım!..

Savunmasız bir çocuğa, ailesi için saçını süpürge eden bir kadına ve sokakta zararsızca dolaşan bir hayvana uyguladığın şiddeti milletin adaleti görmeyebilir, ancak Allah'a hesabını veremezsin.

Düşenin dostu olmaz diyorlar, eminim bu sözleri sen de o kadar çok duymuşsundur ki. Oysa düşenin dostu vardır, hem de en güvenilir olan, insanı arkasını döndüğünde sırtından vurmayan... El-Veli olan dost, işte o Allah'tır.

Benim sırrım nedir biliyor musun? Ne olursa olsun, başıma ne gelirse gelsin ben onu Vekil olan Allah'a bırakırım, gerisini Rabb'im halleder.

İnsanlar sürekli sorarlar: "Hocam hiç mi mutsuz olmuyorsunuz?" Nasıl mutsuz olabilirim?.. Bana mutluluk insandan gelmiyor ki bir insan beni mutsuz edebilsin.

Ben kesintisiz olana, Baki olana; gerçek sevgili, gerçek dost olana yönelmişken, kaynağı O'nda bulmuşken nasıl mutsuz olabilirim? Allah'tan sıkıntı değil, sadece sevgi, aşk ve merhamet gelir. Ve sana tavsiye ederim. Dünyada aldığın tat bir süre sonra sana acı gelecektir, çünkü dünya tatlı gibi gözüken acı bir şerbettir. Onu şehvetle içtikçe acısı çıkmaya başlar.

"Rabb'in seni bırakmadı ve sana darılmadı. Şüphesiz Rabb'in sana verecek ve sen de hoşnut olacaksın." (Duha Suresi, 3. ve 5. ayetler)

Ve hâlâ geç kalmış değilsin, ne olursa olsun O seni bekliyor. O seni tüm işinde vekil kılmanı bekliyor. Allah'ın hâşâ öyle bir egosu yoktur. O seni yoktan var etmesine rağmen diyor ki: "Allah'tan başka size dost ve yardımcı yoktur." Bunu o kadar çok ayette belirtiyor ki...

"Beni vekil kıl kulum" diyor. Ben senin yerine koştururum. Ben senin yerine o işi de hallederim. Tüm bunlar Allah için kolay şeylerdir. Sen aşamazsın ama ben aşarım. Ben her şeye kadirim. Ama sen ne yapıyorsun? O'na güvenmiyorsun. Bırak güvenmeyi, çağrısına bile kulak vermiyorsun. Kuran'ı ne kadar kalben okudun? Ayeti anlamaya çalıştın mı? Rabb'inin mesajına, ne demek istediğine hiç yüreğini açarak baktın mı?

O sana "Allah de ötesini bırak, kulum" derken sen kendi başına işe kalkıyorsun!

Bana bazılarınız diyorlar ki:

"Hocam, siz biraz geri kalmışsınız, artık tıp var, Allah tıp vermiş, teknoloji gelişmiş, siz hâlâ Allah'a başvurun diyorsunuz."

Beni hiç anlamamışsınız... Ben sana doktora gitme demiyorum. Ben sana önce Allah'a dön ve ona derdini anlat diyorum. O sana en uygun doktoru gösterecektir. Seni yönlendirecektir. Sen nereden bilebilirsin ki senin doktorunun seni sömürmeyeceğini ya da sana yanlış işlem yapmayacağını? O kadar çok vukuat var ki... Onlarca kez yanlış ilaç, yanlış iğne, yanlış teşhis, yanlış ameliyat...

Sen nereden bilirsin sana hayrı olacak uzmanı? Küçük çocuğun düştüğünde, ateşlendiğinde ona, "Yavrum ben seni en uygun doktora götürürüm" diyorsun öyle değil mi? O çocuk nereden bilebilir ki kendisine iyi gelecek doktoru? Bırak onu, nereye gideceğini akıl bile edemez. O savunmasız küçük bir yavrucaktır. İşte sana anlatmak istediğim de budur. Ben de sana önce Allah'a yönelmeni ve ona derdini arz etmeni diliyorum.

"Ey Rabb'im benim bir derdim var, bir hastalığım var ancak bana iyi gelecek doktoru bilemem, bu yüzden kapına geldim. Alim olan, her şeyi en iyi bilen sensin. Rabb'im bu yolda bana hayrı olacak insanları karşıma çıkar, ben bu yolda seni vekil kıldım" de ve bırak. Sonrasını düşünme bile...

Dikkat etmeni isterim; ben sana bu kitapta Allah'ı anlatmıyorum, sana O'nu hissettirmek istiyorum. Ve bu konuda Rabb'im beni vesile, bir araç kıldıysa ne mutlu. Hamd ü senalar olsun "Hamid" olan Rabb'ime...

Ve daima anımsa: Allah sıkıntı ve bela verdiği kullarını derece olarak yükseltir, O "Er-Rafi" olandır ve bu yükseliş dikenli bir yoldur. Elbette canın yanacak. Bu yüzden senin canının yanması, kalbinin acısı rahmettendir.

"Onlar Allah katında derece derecedirler, Allah onların yaptıklarını görmektedir." (Âl-i İmran Suresi, 163. ayet)

Allah bazen elinden oyuncağını alır, yerine daha iyisini vereceği için, sen dert etme Can, O seni senden daha çok düşünür.

ALLAH ÂCİZ KULLARININ KALBİNDEDİR

O ne güzel dost ne güzel bir yardımcıdır. Hissedebilene ne mutlu... O'nun varlığını tüm iliklerinde, hücrelerinde hissedenler ne güzel insanlardır. Nefsi bırakıp da kul âcizliğini kabul ettiğinde o rahmetin sıcaklığı tecelli eder gönüllere. Aslında Allah'ın rahmeti daima üzerindedir de kulun, kul nefsin içinde olduğundan o rahmeti hissedemez.

Ancak ben sana âciz olmaktan söz ederken insanlar karşısında değil, Allah katında âciz olmandan söz ediyorum. O'na el açıp, yürek açıp da "Rabb'im ben zavallı bir kulum, çaresizim, sen çaremsin, sen bana kâfisin" dediğinde arş sarsılır, melekler ağlar da, o gözyaşları meleklere abdest aldırır.

Ve arada bir de olsa Rabb'i misafir et evine, Peygamber'ini misafir et evine. Her masa kurduğunda bir tabak da boş bırak, her çay servis ettiğinde boş bir bardak da yanında kalsın diğerlerinin... Soranlara, "Nebi'yi, Efendimiz'i misafir çağırdım da o yüzden bir tabak, bir bardak fazla koydum" dersin. Evine nur, rahmet gelsin. Sen yeter ki güzel bak. Sen yeter ki güzel söyle. Kalp önce Rahman'a bakınca güzelleşir, sonra insana baktığında ise gerçek sevgi tecelli eder...

Ne güzel bir duadır, "Allah'ım beni kendinle meşgul eyle" duası. O halde "Rabb'im bizi seninle meşgul eyle"...

Allah diyor ki: "Benim rahmetim yüz idi, doksan dokuzunu kendime ayırdım, birini ise yeryüzüne yaydım." İşte insanların hiç tanımadığı bir varlığa merhamet duyması bundandır.

Arada bir yoldan geçen ihtiyarı çağır, konuk et; bir çocuğun başını okşa da onun yüreğine dokun.

Sevdiğim bir kıssa vardır paylaşmak isterim:

Musa Aleyhisselam'ın ümmeti, "Ya Musa! Rabb'imizi yemeğe davet ediyoruz. Buyursun bir gün misafirimiz olsun. Nemiz varsa ikram etmeye hazırız" dediklerinde Musa Aleyhisselam, onları azarladı. "Nasıl olur, Allah (hâşâ) yemekten, içmekten ve mekândan münezzehtir" diyerek bir daha böyle bir şeyi akıllarından bile geçirmemelerini tembihledi. Fakat Musa Kelimullah Tur-i Sina'ya çıkıp, bazı münasahatta bulunmak istediğinde, Allah tarafından şöyle nida olundu:

"Ya Musa, neden kullarımın davetini bana getirip söylemiyorsun?"

Musa Aleyhisselam:

"Ya Rabbi, böyle daveti size gelip söylemekten hayâ ederim. Nasıl olur, zat-ı uluhiyetiniz onların söylediklerinden berîdir" dedi.

Allah:

"Söyle kullarıma, onların davetine cuma akşamı geleceğim" buyurdu.

Musa Aleyhisselam gelip kavmini durumdan haberdar etti; hazırlığa başlandı, koyunlar, sığırlar kesildi. Mümkün olduğu kadar mükellef bir yemek sofrası hazırlandı. Çünkü misafir gelecek olan ne bir vali ne bir padişah ne bir ulu kişiydi. Kâinatın yaratıcısı misafir olarak gelecekti. Hazırlıklar tamamlandıktan sonra, akşamüstü uzak yollardan geldiği belli, yorgun argın, üstü başı birbirine karışmış bir ihtiyar gelip:

"Ya Musa! Uzak yollardan geldim, açım, bana bir miktar yemek verin de karnımı doyurayım" dedi.

Hz. Musa (A.S):

"Acele etme, hele şu testiyi al da biraz su getir bakalım. Senin de bir katkın bulunsun. Biraz sonra Allah gelecek" dedi.

Tabii adam daha fazla diretmeden çekip gitti. Yatsı vakti oldu, beklenen misafir hâlâ gelmedi. Sabah oluncaya kadar beklediler, hâlâ gelen giden yoktu. Neyse, ümidi kestiler. Hz. Musa (A.S) taaccüp içindeydi.

Ertesi gün Tur-i Sina'ya gidip:

"Ya Rabbi, mahcup oldum, ümmetim, 'Ya sen bizi kandırdın, ya Allah sözünde durmadı' diyorlar" dediğinde, kendisine şöyle hitap olundu:

"Geldim ya Musa, geldim. Açım dedim, beni suya gönderdin, bir lokma ekmek bile vermedin. Beni ne sen, ne kavmin ağırladı."

Bunun üzerine Hazreti Musa Kelimullah:

"Ya Rabbi, bir ihtiyar geldi sadece, o da bir kuldu, Allah değildi. Bu nasıl olur?" dediğinde Cenab-ı Allah:

"İşte ben o kulumla beraberdim. Onu doyursaydınız, beni doyurmuş olacaktınız. Çünkü ben ne semalara, ne yerlere sığarım, ben ancak âciz bir kulumun kalbine sığarım. Ben o kulumla beraber gelmiştim. Onu aç olarak geri göndermekle, beni geri göndermiş oldunuz" buyurdu.

> Ben derdimi yalnızca
> Allah'la paylaşırım. Her şeyi en iyi işiten, gören, bilen ve
> çözen O'dur.

TEK DOST VE EN GÜVENİLİR OLAN O'DUR

Niçin derdimi sadece Allah'la paylaşırım?

Çünkü seni O'ndan başka en iyi kim tanıyabilir?

Sana O'ndan başka kim gerçek anlamda yardım edebilir?

Sen henüz dünyada yokken, senin var olma fikrini bile annen baban düşünmüyorken seni yaratma fikrine kim karar verdi?

İşte bu yüzden derdimi ben yalnız Allah'la paylaşırım, çünkü O her şeye kadirdir. Derdimi yalnız Allah'la paylaşırım, çünkü O kâinatın hâkimi "Melik"tir. Herkes eksiktir, her şeyde eksiklik vardır ama Allah eksiksizdir ve O eksikleri gideren "Cebbar"dır.

Bu yüzden ben derim ki: Bir şeyi oluruna bırakırsan zamanla acıyarak geçer, üzerindeki yükü Allah'a bırakırsan, huzurla, nurla geçer. Ve hiçbir şeyden de ümidini kesme. Asırlar öncesinden mesajı vermiş sana Rabb'im, ancak sen anlayarak okumuyorsun ki! Bu surede kapalı kapıların anahtarını bulabilirsin. Rabb'im ne diyor: "Biz insanı bir sıkıntı ve zorluk içinde (ve bunlara göğüs gerecek şekilde) yarattık." (Beled Suresi, 3. ve 4. ayetler)

Bu hayat, bu dünya yaşamınım meşakkatli bir süreç olduğunu sana bildiriyor Rabb'in. Biraz tefekkür edersen bu dünyanın aslında bir hapishane olduğunu idrak edebilirsin. Hz. Âdem (A.S) cennetteydi ve o nefsine uyarak ceza almıştı. Peki, Allah onu ceza olarak nereye gönderdi? Evet, yeryüzüne yani dünyaya gönderdi. O halde görebilirsin ki zaten bu dünya Allah nazarında bir cezaevidir. Ve sen bu cezaevine âşıksın!

Düşünebiliyor musun? Hayır! Ne kadar düşünürsen düşün Allah'ın ne kadar merhametli olduğuna akıl erdiremezsin. İsteseydi tek bir oda, tek bir hücre içinde yaşatabilirdi seni, ancak hür ve özgürsün. İnsanlar tatil köylerine, adalara vb. gidiyorlar ve oraları cennete benzetiyorlar, bu dünya bir hapishane oysa!.. Hapishane bu kadar güzel görünüyorsa cennet ne kadar güzeldir kim bilir? İşte bunlar Rabb'inin merhameti ve rahmetindendir. O Rahman ve Rahimdir.

Bu kitabı yazarken niyetim sana Allah'ı anlatmak değildi; O'nu hissetmene, O'nu tam anlamıyla yaşamana vesile olmak istedim. Zaten O'nun güzelliğini, merhametini anlatmak mümkün değildir. Buna ne kelime yeter ne kâğıt ne kalem... Tüm mahlukat, melekler dahi bir araya gelse Allah'ı nasıl anlatabilir? Bir parça da olsa O'nu hissetmek bile dünyayı verseler alamayacağın bir hazzı yaşatır sana.

Rabb'in rahmeti hep üzerimizdedir, biliyorsun ki O bize şahdamarımızdan daha yakındır, ruhumuzu da ruhundan üflemiştir. Biz O'nun ruhundan bir parçayız ancak kendimizi çoğu zaman O'ndan uzak hissediyoruz. Birçok insan bırak uzak hissetmeyi Rabb'i unutuyor, sadece başına bir musibet geldiğinde hatırlıyor. Bu insanoğlunun kendisine farkında olmadan verdiği bir ceza olmalı. Evet, farkında olmadan kendimize ceza veriyoruz ve O'nu hissetmiyoruz. Bu en büyük ceza. Bunu Allah değil sen kendine veriyorsun!

O'nu her yerde her an hissedebilirsin.

Bazı insanlara Allah özel bir rahmet vermiştir, onlar kin

tutamaz, nefret edemezler. Ne mutlu onlara... Çünkü affet-mek, Allah'ın baktığı pencereden yaşama bakabilmektir. Bir insanı affettiğinde bile Rabb'imle aynı pencereden bakabi-liyorum diye sevinmeli insan. Oysa biz şeytanın ektiği nifak tohumuna kapılıp kin ve nefret içinde yaşamaya çalışıyoruz.

İşte bu zanlara kapılıp Rabb'i uzaklarda arayarak çok yo-rulmuşsun, içeri gel içeri. Tıpkı Yunus Can'ın dediği gibi: "Bir ben vardır bende benden içeri." Tüm güzellik içinde fakat sen dışarıdasın. Senin tüm sorunun bu... Kendini zih-nin içinde tıkamış durumdasın. Bunu da gelen düşünceleri bastırarak, onlara isyan ederek kendine farkında olmadan yapıyorsun.

Allah her sorunun içine sevgi bırakmıştır. Bu yüzden ben ömrüm boyunca hiçbir zaman sorunla ilgilenmedim, sadece sorunun içindeki sevgiyi aradım ve onu buldum, gerisi ken-diliğinden düzelmiştir. Bizi seveni de severiz, sevmeyeni de severiz.

Allah bizi sevgiyle yaratmıştır, biz sevgiden başka bir şey beslemeyiz...

Sen sanıyorsun ki affettiğinde karşı tarafı
mükâfatlandırıyorsun.
Şayet affetmenin ilahi rahmetini duyumsayabilseydin, bütün
yaşamını affetmeye adardın…

Kendini küçümseme,
her şeyi yoktan var eden Allah
önemsiz, değersiz hiçbir
şey yaratmaz!..

KENDİNİ DEĞERSİZ Mİ HİSSEDİYORSUN?

Acıları yüreğini olgunlaştırır, daha büyük hale getirir, sabredince melekler sana imrenmeye başlar, o ne güzel bir kul, derler. Dua edince melekler gökyüzündeki yedi katı aralar ve duanın Rabb'ine ulaşmasına vesile olurlar. Tüm düzen senin adına vardır, senin ne kadar değerli olduğunu bilirler. Sen hâlâ kendini değersiz mi hissediyorsun? Halen zihnin- nefsin bu nifak tohumlarını ekmesine mi kanıyorsun?

Allah değersiz bir şey yaratır mı hiç? Allah lüzumsuz bir şeyle uğraşır mı? Allah seni değerli görüp yaratmışken sen kendini nasıl değersiz görebilirsin? Ama zihin çok kurnazdır, ne zaman terk edilsen, ne zaman kalbin kırılsa, ne zaman aldatılmış hissetsen kendini, zihin hemen devreye girer ve sana nifak tohumları bırakmaya başlar.

Yüreğini karartmak, senin enerjini almak için zihin elinden geleni yapacaktır. Ona çok dikkat et... Daima uyanık olarak kal. Zihnin hamlesine karşı bir adım önde olmanı isterim. Bu yüzden onu iyi tanımalısın. Zihin kime, ne zaman, hangi düşünceleri, insanın enerjisini kemiren o düşünceleri göndereceğini çok iyi bilir.

Bir insan aldatılırsa ona kin ve nefret tohumları eker, bir iş başaramadığında sürekli zihin kendini kötü hissetmen için vesveseler gönderecektir. Ve bu hep böyle olmuştur. Ancak şimdi farkındasın. Onun yüreğine nifak tohumunu ne zaman ektiğini idrak ettiğin an zihin seninle oynamayı bırakır. Her şey senin uyanışınla düzelmeye başlar.

Bazı insanlar vardır, ulaşmak, elde etmek istediklerini kuldan bekler, beklentileri olmadığında harap olur yıkılırlar. Bazı insanlar vardır ne olursa olsun tüm beklentilerini Allah'tan ister ve bilirler ki o istekleri olmasa, gerçekleşmese bile bu beklenti onlara huzur verecektir. Çünkü Rabb'le iletişim içindedirler.

O Allah'ın ne zaman vereceğiyle ilgilenmez, o kalbinde Allah'la iletişimi daim mi buna bakar. Aşamadığın her durumda Rabb'ine yönel. Zihnin sesini durdurmak için başarılı olamadığında yine O'na yönel. Bu Allah için pek kolay bir iştir. Her şeyi yoktan var eden bir yaratıcı için senin tüm sorunlarının çözümü O'nun katında zerrenin zerresi olamaz.

Ancak bunu yaparken tekrar ve tekrar söylüyorum: Allah'ı test etme! Duanın kabulünün ne zaman gerçekleşeceğini insanlar dört gözle bekliyor. Hiçbir şeye güvenmek zorunda değilsin, ancak Allah'a güvenmeme gibi bir durum olamaz. Bu söz konusu bile edilemez. Bu yüzden ben sana ısrarla, güvenmekten, tevekkülden, sorununu Rabb'ine koşulsuzca, sonucunu beklemeden bırakmanı öneriyorum.

İnsanın kendini değersiz hissetmesi bile aslında gizli bir şirktir. Allah'ın yarattığını beğenmemesidir. Ve eşler, ikili ilişkiler arasında yaşanılan böyle pek çok gizli şirk vardır. Onlar birbirlerini beğenmezler. Birbirlerine ince dokunuşlarda bulunurlar. Senin kaşın şöyle, senin burnun böyle, senin ayakların öyle...

Hâlâ mı farkında değilsin işlediğin günahın? Sen Allah'ın yarattığı, var ettiği bir şeye, bu olmamış, ne biçim bir varlık dünyaya getirilmiş diyorsun. Senin hal dilinle yaptığın budur. Bu yüzden tövbe et. Bu senin vicdanını rahatlatır, kurumuş ruhuna can katar.

Farkında olmadan o kadar çok günah işliyoruz ki... Sonra da duam kabul olmadı diyoruz! Bu kadar günahkârken nasıl kabul olsun? Sen Allah'ı test et, yarattıklarına kötü gözle bak, kusur bul ve sonra da duam kabul olmadı diye isyan et!

Bu yüzden ben senin tüm geçmişine, yaptıklarına dair tövbe etmeni öneririm.

Bayezid-i Bestami Hazretleri... Büyük velilerden. Bir gün tımarhanenin önünden geçmektedir. Tımarhane hizmetçisinin tokmakla bir şeyler dövdüğünü görür, sorar:

"Ne yapıyorsun?"

Hizmetçi:

"Burası tımarhanedir. Delilere ilaç yapıyorum."

"Benim hastalığıma da bir ilaç tavsiye eder misin?"

"Hastalığını söyle."

"Benim hastalığım günah hastalığı... Çok günah işliyorum."

"Ben günah hastalığından anlamam... Ben delilere ilaç hazırlıyorum."

Parmaklığının arasından konuşulanları duyan bir deli (!) Bayezid-i Bestami Hazretleri'ne:

"Gel dede, gel! Senin hastalığının çaresini ben söyleyeyim" diye seslenir.

Bayezid-i Bestami Hazretleri, delinin yanına sokulur:

"Söyle bakalım, benim derdime çare nedir?"

Deli (!) şu ilacı tavsiye eder:

"Tövbe kökü ile istiğfar yaprağını karıştır... Kalp havanında tevhit tokmağıyla döv, insaf eleğinden geçir, gözyaşıyla yoğur, aşk fırınında pişir... Akşam sabah bol miktarda ye... O zaman göreceksin senin hastalığından eser kalmaz."

Bu güzel ilacı öğrenen Bayezid Hazretleri:

"Hey gidi dünya hey! Demek, seni de deli diye buraya getirmişler" deyip oradan ayrılır.

Bu ilaç, halen günah hastası olanlara tavsiye olunmaya değer bir ilaçtır. Yani bu formülün hükmü hâlâ devam etmektedir.

Niçin tövbe üzerinde duruyorum? Çünkü tövbe Allah'a açılan en kutsal kapılardan biridir. Senin O'na yakınlaşman, senin duanın icabeti için bir bilettir adeta tövbe. Bazı insanlar Allah'tan ümidini kesmiş, "Tövbe etsek de biz çok günahkârız, Allah bu yüzden duamızı kabul etmiyor" diye kendini suçlamakta. Ve zihne dikkat et. O seni suçlatarak, kendini değersiz, yetersiz hissettirerek enerjini almaya ve seni yavaş yavaş depresyona sokmaya bayılır.

Ne zaman kendini suçladığını fark edersen, hemen bunun zihnin bir oyunu olduğunu ve sana kendini kötü hissettirerek enerjini almak için geldiğini anımsa. O bir anda eylemini bitirecektir. Zihni durdurmanın en güzel yolu budur. Onu şaşırtmak... Ve Allah'tan ümidini kesmeden bu tövbe kapısını açıver. O bileti kullan ve öteye geç. Bildiğin senden daha öteye.

Tefsir-i Safi'de nakledildiğine göre bir gün Resulullah'ın ashabından olan Muaz bin Cebel ağlar bir şekilde Resulullah'ın yanına geldi. Allah Resulü'ne selam verdi. Resulullah cevabını verdi ve "Nedir seni ağlatan?" diye sordu.

Muaz bin Cebel arz etti:

"Ya Resulullah, dışarıda hoş sima bir genç, çocuğu ölmüş bir ana gibi kendi gençliğine ağlamakta ve sizinle görüşmek istemekte."

Allah Resulü "Onu yanıma getir" buyurdu. Muaz gidip onu Resulullah'ın yanına getirdi. Genç adam selam verdi.

Allah Resulü de cevabını verdikten sonra aralarında şu konuşma cereyan etti:

"Ey genç, nedir seni ağlatan?"

"Nasıl ağlamayayım ben; nice büyük günahlar işlemişim ki eğer Allah onlardan sadece bazısı için beni cezalandırsa, beni cehennem ateşinde yakacaktır! Biliyorum ki onlardan dolayı beni cezalandıracak ve bağışlamayacaktır."

"Acaba Allah'a şirk mi koştun?"

"Allah'a sığınırım ona şirk koşmaktan."

"O zaman haksız yere birisini mi öldürdün?"

"Hayır."

"O zaman Allah günahlarını muhkem dağlar kadar büyük bile olsa bağışlar!"

"Benim günahlarım sağlam dağlardan da büyüktür!"

"Günahların, yedi yer, denizler, kumlar, ağaçlar ve onlarda olan mahlukat kadar da ağır olsa yine de Allah bağışlar!"

"Benim günahlarım bütün bunlardan da büyüktür!"

"Eğer günahların gökler, yıldızlar, arş ve kürsi kadar da büyük olsa yine Allah bağışlar!"

"Bunlardan da büyüktür benim günahlarım!"

Bu cevabın ardından Allah Resulü öfkeli bir şekilde ona baktı ve şöyle buyurdu:

"Yazıklar olsun sana, senin günahların mı daha büyüktür yoksa Rabb'in mi?"

Genç secdeye kapanarak şöyle dedi:

"Münezzehtir benim Rabb'im, hiçbir şey Rabb'imden daha büyük olamaz. Benim Rabb'im her şeyden daha büyüktür!"

Bunun üzerine Allah Resulü şöyle buyurdu:

"Büyük günahları Allah'tan başka bir kimse bağışlayabilir mi?"

Genç "Allah'a and olsun ki hayır ya Resulullah!" dedi ve sustu.

Allah Resulü şöyle devam etti:

"Yazıklar olsun sana ey genç, günahlarından bir tanesini bana söyler misin acaba?"

Genç "Evet" dedi. "Ya Resulullah, ben yedi yıl boyunca mezarları açıp ölülerin kefenlerini soyarak onları satıyordum. Bilahare ensardan genç bir kız vefat etti. Onu defnedildikten sonra, ben geceleyin onun da kabrini yararak kefenini soydum. Çıkıp gideceğim sırada şeytan beni aldattı ve onun çıplak bedenini gözümde cilvelendirdi ve bilahare onunla zina yaptım. Tam oradan ayrılıp gideceğim sırada, arkamdan bir feryat duydum, şöyle diyordu: 'Yazıklar olsun sana ey genç! Beni soyduğun yetmedi bir de beni cünüp yaptın.' "

Sonra genç şöyle devam etti:

"Ya Resulullah, artık cennetin kokusunu bile alacağımı zannetmiyorum; siz benim durumumu nasıl görüyorsunuz?"

Resulullah şöyle buyurdu:

"Uzaklaş benden ey fâsık, senin ateşinle ben de yanarım diye korkarım. Ne kadar da yakınsın ateşe!"

Bu cümleyi o genç oradan ayrılıncaya kadar tekrar etti. Genç oradan ayrıldıktan sonra, yanına bir miktar azık alıp Medine'nin dağlarına doğru hareket etti. Ellerini boynuna bağlayıp feryat figan etmeye başladı. Şöyle yalvarıyordu Allah'a:

"Allah'ım, senin zelil bir kulunum; günahkârım ve yaptıklarıma pişmanım. Peygamber'inin yanına gittim. Beni yanından uzaklaştırdı ve korkumu artırdı. Senin yüceliğine sığınıyorum, beni reddetme ve rahmetinden mahrum bırakma!"

Bu haliyle kırk gece ve gündüz yalvardı durdu. Öyle ki hayvanlar bile haline ağlar oldular.

Kırk gün geçtikten sonra şöyle arz etti Rabb'ine:

"Allah'ım, bana ne yaptın acaba? Eğer beni bağışladıysan Resul'üne bunu haber ver. Eğer bağışlamadıysan, azap etmek istiyorsan, bir an önce beni ateşinde yak veya başka bir belaya müptela et ve beni kıyametin rezilliğinden kurtar!"

Bilahare Allahütaâlâ Resul'üne şu ayetleri indirdi:

"Onlar ki, çirkin bir hayâsızlık işlediklerinde ya da nefislerine zulmettikleri zaman, Allah'ı hatırlayıp hemen günahlarından dolayı bağışlanma isterler. Allah'tan başka günahları bağışlayan kimdir? Bir de onlar yaptıkları üzerinde bildikleri halde ısrarla durmayanlardır.

İşte onların mükâfatları, Rab'lerinden bağışlanma ve içinde ebedi kalacakları, altından ırmaklar akan cennetlerdir. Ve ne güzeldir amel edenlerin mükâfatı." (Âl-i İmran Suresi, 135. ve 136. ayetler)

Ayet nazil olduktan sonra Allah Resulü evden dışarı çıktı. Mübarek yüzü güldüğü halde sürekli bu ayeti tekrarlayıp duruyordu. Ashaba buyurdu ki:

"Kim o gencin yerini bana haber verecek?"

"Filan dağda bulunuyor ya Resulullah!" dediler.

Bunun üzerine Allah Resulü, ashapla birlikte orayı teşrif ettiler. Genci iki taşın arasına sıkışmış, elleri zincirle boynuna bağlı ve ağlamaktan kirpikleri dökülmüş bir vaziyette gördüler ki şöyle yalvarıyordu:

"Allah'ım, sen bana çok nimet verdin, ihsanda bulundun. Keşke beni bilahare cennete mi, yoksa cehenneme mi götüreceğini bir bilseydim! Allah'ım, günahım göklerden, yerlerden, arş ve kürsiden daha büyüktür. Keşke bir bilseydim, beni bağışlayacak mısın, yoksa kıyamet günü rezil rüsva mı edeceksin?"

İşte bu cümleleri tekrarlayıp ağlıyor ve başına topraklar savuruyordu. Etrafındaki hayvanlar ve başında uçan kuşlar haline acıyor, feryat ediyorlardı.

Allah Resulü gence yaklaştı. Boynundan zinciri açtı. Başından toprakları temizledi ve buyurdu:

"Müjdeler olsun sana, Allah seni bağışladı."

Sonra ashaba yüzünü döndürerek, şöyle buyurdu:

"İşte bu gencin yaptığı gibi günahlarınızı telafi edin."

Daha sonra da inen ayetleri ona okudu ve kendisini cennetle müjdeledi.

Kendine derinden saygı duy ve kucakla.
Çünkü sen Allah'ın
özenerek yarattığı, ruhuna ruhundan üflediği
özel bir varlıksın.

> Kadın bir çiçektir
> ve çiçek dalında güzeldir, onu kırıp dalından
> koparırsan sana ne kokusunu sunabilir
> ne de güzelliğini!..

KADININA SAYGI DUY

Bir kadının çiçek olduğunu söylerim, çoğu zaman bunu anlatırım. Ancak bunu bilmenin hiçbir anlamı yoktur, aksine senin bu konudaki bilgin çok tehlikelidir; onu her an dalından koparabilirsin, her an yanlış bir hamlede bulunabilirsin!..

Ve erkeklerin yaptığı budur, onlar bir kadın gördüğünde koklamak için eğilirler ve sonra çiçeği dalından kopararak sahiplenirler. Artık o bir eşyaya dönüşmüştür; hiçbir eşya sana saygı duyamaz, hiçbir eşya senin sevgine karşılık veremez, o sadece basitçe oradadır!

Biraz farkına varmanı isterim, şayet bir kadının çiçek olduğunun farkına varırsan onu dalından koparmayacaksın; onun, özgür kaldığı sürece çevresine güzel kokular verebileceğinin bilincinde olacaksın.

Onlar sadece bir çiçek değil, aynı zamanda Allah tarafından yeryüzünde bulunan meleklerdir, onların gizli kanatları vardır, bir erkek bu kanatları göremez; çünkü erkek narin olan her şeye zihniyle yaklaşmaktadır. Onları görmek için gönül gözünü kullanmak gerekecektir, aksi halde onların kanatlarını göremeyeceksin.

Bir kadının kanatlarını görmeye başladığın an senin içinde muazzam bir derinlik oluşmaya başlar, o derinliğin içine düştüğün zaman bu senin ilahi olana uyanışın olacaktır. Artık bir kadın ile bir erkek yoktur, şimdi orada "bir" olmanın heyecanı vardır ve orası senin cennetindir.

Unutma, cennete ulaşmanın ilk adımı kadının kanatlarını fark etmektir; bazıları bu yüzden "Cennet annelerin ayakları altındadır" derler ve bu çok doğrudur, bu son derece gerçektir. Bunu düşün ve kadını küçümseme, o, senin hem doğumun hem de cennete ulaşman için var olmuş bir köprüdür.

Kadına saygı duy. O ayrı bir dünyadır. İçinde de koca bir dünya, bir yaşam alanı vardır ve o dünyada dokuz ay süren bir ömür mevcuttur!..

Allah Resulü kadına değer verirdi.

Bir seyahatte Enceşe adlı bir hizmetçi şarkı söyleyerek develeri hızlandırdı. Hazreti Peygamber de, hızlanan develer üstündeki hanımların zayıf vücutları incinebilir düşüncesiyle, nahif bir teşbihte bulunarak:

"Ya Enceşe! Dikkat et, billurlar kırılmasın!" buyurdular.

Ve ben sana soruyorum! Bir kadının kalbinin kapısını gerçek sevgiyle açamıyorsun, cennetin kapısını nasıl açacaksın?

Bu yüzden kimsenin kalbini kırma, unutma ki kalpler Allah'ın elindedir!

Yine bir gün, eline aldığı kuru bir hurma dalına dayanarak Resulullah'ın kapısına kadar gelmiş olan yaşlı bir kadının, içeri girmek arzusunu izhar etmesi üzerine:

"Ya Resulullah, kim olduğunu bilmediğimiz bir ihtiyar kadın, zatınızı görmek istiyor" dediler.

Resul-i Ekrem Hazretleri:

"Müsaade edin, gelsin" buyurdular.

İhtiyarlıktan adeta rükû eder halde duran kadın, hurma ağacından edindiği asasına dayana dayana Resulullah'ın kapısından içeri girdi, bir iki adım ilerledikten sonra, kendisini tanıyan Resulullah hemen ayağa kalktılar; altlarındaki içi hurma lifi dolu minderlerini göstererek oturmasını istediler.

Resulullah'ın bu kadına gösterdiği hürmet ve alaka, orada hazır bulunan Hazreti Ömer'in dikkatini çekti; hatta kim olduğunu merak ettiği bu ihtiyar kadına gösterilen bu ikramı, biraz da fazla bulduğu içindir ki, kadın kalkıp gittikten sonra:

"Ya Resulullah, bu kadın kimdi ki, kendisine ayağa kalkacak kadar hürmet ettiniz, minderinizi verecek kadar alaka gösterdiniz?" dedi.

Resulullah'ın cevabı tek cümleden ibaretti:

"Bu kadın, bizim Hatice'nin dostlarındandı!"

Hazreti Aişe Validemiz:

"Ya Resulullah, senelerce evvel ölüp gitmiş olan bir yaşlı kadını, bu kadar hatırlayıp yâd etmekte ne fayda var? Allahü Zülcelal, size, ondan daha genç ve güzelini ihsan etmiş; ağzında dişi bile kalmamış bir ihtiyar yerine daha gencini vermiştir" dedi.

Aişe Validemiz'in bu sözlerine karşı Resulullah Hazretleri:

"Ya Aişe! Seneler geçtiği halde Hatice'yi unutmayışım, onun dış güzelliğinden değildir. Herkes beni ret ve inkâr ettiği zaman, Hatice bana inandı ve beni tasdik etti. Etrafımdakiler bana, yalancısın, dediği zaman, Hatice bana, doğru söylüyorsun, asla çekinme, dedi. İnsanlar benden bir pulu esirgediği zaman, Hatice, bütün servetini önüme sererek bunların hepsi emrindedir, istediğin kadar harcayabilirsin, dedi. Dünyada yalnız kaldığım günlerde, Hatice, benden asla geri kalmadı; bunların hepsi geçicidir, üzülme, ileride bu güçlükleri kolaylıklar takip edecektir, dedi. İşte ben, Hatice'yi, bu fedakârlıkları için unutmuyorum!"

> Kadın bir çiçektir,
> ona sert davranırsan solar dökülür, geriye dikeni kalır.
> Karşında bir çiçek mi yoksa diken mi görmek istiyorsun,
> bu sana kalmış!..

Sen yeryüzünün meleklerini
bilir misin? Onlar önce dokuz ay karınlarında can taşırlar,
sonra onlara bir ömür can olurlar...

Ve daima anımsa! Allah'ın emanetidir sana kadın.
İncitmeyeceksin. Emanete hıyanet olunmaz. Ki bu emanet
Rabb'inin lütfu ise bir
daha düşüneceksin...

UNUTMA!
BU DÜNYAYA KÜÇÜK DE OLSA
BİR BOŞLUĞU DOLDURMAK İÇİN
GÖNDERİLDİN...

Allah gereksiz hiçbir şey yaratmaz. O seni bu dünyaya göndermişse mutlaka bir eksiği tamamlaman içindir. İşte senin görevin bu... Bu dünyadaki amacın, varoluş nedenin budur. Peki, eksik olan nedir, ben neyi tamamlayacağım diye soruyorsan bunu sen bulacaksın. Biraz uyanık ol, daha farkında olarak yaşamalısın!

Bir gün, çelimsiz, küçük bir kız çocuğu, sokağın köşesine oturmuş; yiyecek, para ya da herhangi bir şey için dileniyordu. Üzerinde yırtık pırtık giysiler vardı; yüzü gözü kir içindeydi ve perişan bir haldeydi.

Kız dilenirken, sokaktan genç, canlı ve iyi görünümlü bir adam geçti. Kızı fark etmişti ama belli etmemek için dönüp ikinci kez bakmadı. Büyük ve lüks evine, mutlu ve rahat ailesinin yanına geldiğinde, çok güzel hazırlanmış akşam sofrası onu bekliyordu.

Fakat az sonra düşünceleri tekrar o fakir kıza takılıverdi. Duyguları bir şeylere itiraz ediyordu. Sonra kolay yolu tercih etti ve itirazlarını Allah'a yöneltti. Böyle durumların var olmasına izin verdiği için...

Ve şöyle bir cümleyle yakındı içinden:

"Allah'ım böyle bir şeyin olmasına nasıl müsaade ediyorsun? Neden o küçük kıza yardım için bir şeyler yapmıyorsun?"

Sonra ruhunun derinliklerinden gelen bir cevap işitti:

"Yaptım. Seni yarattım!"

RABB'İN, YAPTIĞIN ÇAĞRILARA BİR KARŞILIK, YAŞADIĞIN ZORLUKLARA BİR KOLAYLIK VERMEYECEĞİNİ Mİ DÜŞÜNDÜN?

Allah sana sıkıntı, bela vermişse tefekkür et. Bu yanına yaklaştırmak istediği dostlarına uzattığı bir merdivendir! Ancak senin bakışların kirli, gözlerin tozlu... Kalp gözün kapalı... Her şeye isyan ediyor, her olaya bir kâbus gibi bakıyorsun. Oysa o görünen çamurun içinde ne mucizeler var bir bilsen. Sen çamurdan yaratılmadın mı?

Ne diyor Allah Hicr Suresi, 26. ayette: "And olsun biz insanı, (pişmiş) kuru bir çamurdan, şekillenmiş kara balçıktan yarattık."

O gördüğün balçık seni özüne götürecek bir araç ancak sen isyan etmekten tüm güzelliği, tüm mucizeyi kaçırıyorsun! Biraz daha bak, daha öteye, baktığından da öteye, o zaman görebileceksin.

Hz. Ali (R.A) "Sen kendini küçük bir varlık zannediyorsun, fakat senin içinde en büyük âlem gizlidir" der.

Aklıma güzel bir kıssa geldi:

Bir tamahkârın yakaladığı küçük bir kuş der ki:

"Beni ne yapacaksın?"

"Kesip yiyeceğim."

"Benim bir lokmacık etim, ne karın doyurur ne de bir

derde deva olur. Beni bırakırsan sana üç önemli nasihatte bulunurum."

"Nasihatleri söylersen seni bırakırım."

"Birini elinde iken, ikincisini şu ağaca konunca, üçüncüsünü de karşı tepeye varınca söylerim."

"Peki birincisini söyle!"

"Elinden çıkan şeyin hasretini çekme!"

"İkincisi ne?"

Kuş, ağaca konunca der ki:

"Olmayacak şeye inanma!"

"Üçüncü nasihati söyle!"

Kuş karşı tepeye varınca seslenir:

"Sen ne ahmaksın, benim kursağımda ellişer gramlık iki tane inci vardı. Beni kesseydin, bu incilere malik olacaktın."

İnci sözünü duyar duymaz, tamahkâr, hemen oraya yıkılıp kalır. Eyvah diyerek dövünmeye başlar. Sonra der ki:

"Haydi üçüncüsünü söyle!"

"Sen iki nasihati hemen unuttun. Üçüncüsünü söylesem ne faydası olacak?"

"Söyle, belki bunu unutmam."

" 'Elden çıkan şeye üzülme' dedim, beni bıraktığına üzüldün. 'Olmayacak şeye inanma' dedim, etimle, kemiğimle, yüz gram gelmezken, kursağımda elli gramlık iki tane inci olduğuna inandın."

"Üçüncü nasihati söylemeyecek misin?"

"Ahmağa nasihat kâr etmez. Tamah insanı kör ve sağır eder. Hakikati görmeye mâni olur."

GÜNE GÜZEL BAŞLAMAK

Güne başlamadan önce gözlerin kapalıyken hisset; her an yeniden başlar yaşam. Her an taze bir hayat sunulmuştur Allah tarafından sana. Onun içine gir ve derince nefes al. Allah'a teşekkür et ve gözlerini aç.

Sevdiğim bir sözümüz vardır: "Allah seni yeni günün sabahına çıkarıyorsa rızkını da hazırlamış demektir." Buna sadece rızk olarak bakma. O daima seni anımsıyor; ilgisi, gözü daima üzerinde. O sana yargılamak için bakmıyor, diğer insanlar gibi bir hatanı kollamak için seni gözetlemiyor. Sen O'nun için o kadar çok değerlisin ki... Seni senden daha önce ve daha çok düşünüyor.

Bu yüzden Rabb'in attığın her adımda, aldığın her nefeste seni yaşarken, seni hissederken, seninle birlikteyken sen hâlâ huzursuzluktan söz edebiliyorsun! Yazıklar olsun o kör gözüne! Yazıklar olsun sana ki hiçbir şeyden habersiz yaşıyorsun!

O toplantıdayken yanında, ev işi yaparken yanında, yemek yerken yanında, peki sen neredesin? Güya güne güzel başlamak için bu konuyu açmıştım ama dayanamadım fırçalamak zorunda kaldım seni...

Allah güneşi insanlara sadece ışık olsun diye değil, içlerindeki ışığı da bulsunlar diye yaratmıştır. Güzel bir gün istiyorsan içindeki güzelliklerin, Rabb'in sana verdiği değerin farkına var. Ve unutma! Bir çiçek dışarıdan değil, kendi tohumundan filizlenir. Dışarıda olan ise sadece vesiledir.

Düşün! Allah senin bugün de var olmanı istediyse, şayet ruhunu kabzetmediyse, hâlâ sana bir şans veriyor olmalı. Her şeye rağmen O seni seviyor, sana değer veriyor, seni umursuyor. Senden kendi için bir beklentisi yok, tüm dileği sana verdiği cüzi iradeyle kendini bulman ve böylece O'nu bulacaksın. Az kaldı inşallah.

Unutma ki yaşam güneşle değil, senin tüm bunların farkına vararak gülümsemenle aydınlanır...

O halde her yeni güne başlarken kırıldığın, kin duyduğun o insana dua et. Bunu tüm yüreğinle hissederek yap. Kalbinin nurlandığını, yüzünün aklandığını göreceksin. İşte o zaman gün senin için aydınlık olacaktır. Ne diyor Allah Resulü:

"Kalbi en çok nurlandıran şey, kızdığınız kişiye dua etmektir."

Ve yine her sabah kalktığında şöyle de: "Bugün Allah benim için her neyi uygun gördüyse onu sevgiyle kucaklıyorum." Sonra aşkla doğan yeni güne sen de aşk ve sevgiyle aç gözlerini. Sen artık aydınlık bir ömür için dışarıda olanı bırakıp içeride açan güneşi bulma yolundasın.

HER AN BİR İMTİHAN İÇİNDESİN

Yaptığın her işte bir imtihan içindesin. Yaşadığın her olayda, her kararda bir imtihan içindesin. Karşına gelen her acı senin uyanman içindir aslında. Allah sana acıyı bir fırsat olarak gönderir. Şeytan ise acıya isyan ettirir ve genelde insanlar farkında olmadan şeytanın yolunu seçerler.

Ben Allah'tan isterim, verirse dileğimi, verdikten sonra hamd edecek miyim diye beni imtihan eder. Vermez ise, kulum benden vazgeçecek mi diye yine imtihan eder. Daima farkında ol! Allah'ın verdiği de vermediği de imtihandır. Ve bu sınav Allah ile kul arasındaki kutsal bir bağdır.

Rabb'in, Musa Aleyhisselam'ı da çoğu kez imtihana tabi tutmuştu. O sadece bizlere değil, Peygamberlerine de aynı muamelede bulunmuştur.

Musa Peygamber Yuşa bin Nun'la birlikte çıktığı gezilerden birinde yolda giderlerken ansızın karşılarında bembeyaz bir kuş görürler. Kuş Hz. Musa'nın (A.S) omuzlarına konduktan sonra şöyle seslenir:

"Ey Allah elçisi Musa!.. Beni doğan kuşu öldürecek. Ne olur beni koru!"

Musa Peygamber de kuşu elbisesinin altına saklar.

Ardından az sonra doğan kuşu gelerek, "Ey Allah'ın elçisi Musa!.. Benim yiyeceğime, avıma niçin engel oluyorsun?" diye sorar.

Hz. Musa (A.S) doğana, "Sana sürümden istediğin koyunu keseyim. Bırak, bu kuşa dokunma" diye cevap verir.

"Ama koyun etini ben ne yapayım, ondan hoşlanmıyorum ki?" diyen doğana da Musa Peygamber şu cevabı verir:

"Öyleyse sana kendi kabalarımdan bir miktar et keseyim de ye."

Tam bu sırada Musa Peygamber'in elbisesinin altında sakladığı kuş havaya fırlayarak uçar gider.

Peşinden de doğan kanat çırparak havalanır.

Hz. Musa (A.S) arkalarından seyre dalar. O, ne hikmettir, diye düşüncelere gark olur.

Bu iki küçük yaratığın bile hayat memat derdine düşerek birbirlerini yemeye kalkışmaları karşısında içi sızlayarak, aralarını bulmak için doğana kendi bacaklarının kaba etlerini vermeye razı olmuştur.

O, bütün varlıkların birbirine düşmeden kardeşçe bir düzen içinde yaşamalarını arzu etmektedir. Zaten kutsal davası da insan yığınlarını aydınlık Allah yoluna davet ederek onların bu yolda insanca yaşamalarını sağlamaktır.

Musa Peygamber kafasında bu düşünceleri geçirirken kuşlar tekrar yanına sokulurlar. Biri, "Ben Cebrail'im", diğeri "Ben de Mikail'im" diye hüviyetlerini ortaya koyduktan sonra sözlerini şöyle noktalarlar:

"Ey Musa!.. Biz buraya seni denemek için geldik. Açıkçası Yüce Allah bizi, Rabb'inin kulları karşısında takındığın şefkat ve merhamet duygularının ölçüsünü tartmak için gönderdi. Biz de bu görevimizi yerine getirdik. İmtihanı başarıyla kazandığınızı müjdeleriz."

KADERİMİ SEVERİM YAZANDAN ÖTÜRÜ

Her ne olursa olsun, her ne yaşarsam yaşayayım, her ne yaşatılırsa yaşatılsın; ben olayla ilgilenmem, yaşadığıma değil, yaşadığımı yazana bakarım. O'nun imtihanı ne güzeldir, O'ndan gelen acı ne güzel ne hoştur. O'ndan asla kötü bir şey gelemez. Bu mümkün değildir. Aşkın, sevginin, merhametin kaynağından sadece güzellik gelir.

İnsan kaderine isyanda, insan acıya isyanda... Hayat karşıma ne getirirse getirsin kaderimi severim yazandan ötürü. Sen vuku bulanı, acıyı gerçek sanıyorsun. Oysa bir düştür gördüğün, uyansan göreceksin fakat derin bir uykudasın. Ne diyor Mevlana:

"Hayat bir uykudur, ölünce uyanır insan. Sen erken davran, ölmeden önce uyan." Veli ol, aydınlan, idrak et demek istiyor. Anne karnında dokuz ay süren bir ömrün vardı. O dünya on ay sürmez, en fazla dokuz aydır. Şimdi sana, o dokuz ayı anımsıyor musun, sonuçta orada da canlıydın desem, bu mümkün değil. O dünyadan bir parça bile anımsayamazsın. Çünkü zihin bundan münezzehtir.

İşte bu dünyayı da zihin algılayamaz. Gerçek olarak varsayar. Oysa bu Allah'ın var ettiği bir rüya âlemidir. Bu konuda yazdığım şu dizeleri severim:

Bu dünya hayal dünyadır,
Bu dünya yalan dünyadır,
Peygamber'i bile toprağa katan dünyadır
Güneş, ay, yıldızlar seni yanıltmasın
Hepsi Allah katında bir rüyadır!..

Senin tüm isyanın bir rüyadır. Kafanın içinde yaşamaktasın. O halde sadece mantık göreceksin. Ben senin yüreğine inmenden yanayım. Ben senin ruhunla buluşmandan yanayım.

Kendini bilmek meşakkatli bir yoldur. Rüyadan uyanmak kaderine razı olmak değildir. Buraya dikkat et, ben sana kadercilikten söz etmiyorum. Ben sana bastırmaktan söz etmiyorum. Ben sana kaderi yazana olan sevgiden söz ediyorum. Evet, kendini bilmek isyanı bıraktığında gelir. O oluş halidir. Kusur gören gözlerini kör ettiğinde gelir. Unutma ki kusuru gören göz kusurludur. İnsanları anlamaktan öte kendini anlamaya çalış. İnsanların kusurlarını bulmak sana zaman kaybettirir, kendini anlamaya çalışmak sana seni getirir!..

Ne diyor Hallac-ı Mansur:

"İnsan bir kâinattır, ancak kâinat da insandadır.
Tek tek bakarsan çok görürsün, bütün bakarsan tek görürsün.
Her zerreden gören duyan, tekten bakan görendir.
Zerre de O'dur, tek de O'dur."

Görüşe engel nedir? Zihindir. Zihnin ötesine geçip, gönlünle görebilirsen gerçeğe yaklaşırsın.

...iyle bakan yürekler daima "can"ı görür.

Bunun ilk adımıdır; nefes alırken, nefesi a[...]
mek... İşte bu seni mucizelerle karşılaştıracaktır. [...]
sanlara kızarak, o olumsuz enerjiyi içimizde taşıyarak, [...]
ederek, en büyük cezayı kendimize verdiğimizin, kendimizi
zehirlediğimizin farkında bile değiliz. Biz dışarıyla meşgul-
ken içeride ne güzellikler kaçıyor, eriyor...

Kaderin iyisi kötüsü olmaz,
kader güzeldir.
Onu yazan ise güzelliğin de
ötesindedir…

ALLAH VEKİLİN OLSUN VE O'NA İSİMLERİYLE YAKLAŞ

Korku, bela, musibet... Başına her ne gelirse gelsin, vekili (yardımcısı) Allah olanın derdi felah (huzur) bulur. Vekilin Allah olduktan sonra mutsuzluk kölen olur. Sen yeter ki O'ndan istemesini bil.

Ashaptan Enes bin Malik anlatıyor:

Hz. Peygamber'in ashabı içinde Ebu Malek diye birisi vardı. Bu zat, Şam ile Medine arasında tüccarlık yapardı.

Kendisi Allahütaâlâ'ya tevekkül ederek bir kafileye katılmaz, yalnız başına gidip gelirdi. Bir defasında Şam'dan Medine'ye doğru gelirken önüne at üzerinde bir soyguncu çıktı.

"Dur dur!" diye bağırdı.

Tüccar durdu ve soyguncuya:

"İşte malım, al senin olsun, beni bırak" dedi.

Soyguncu:

"Ben mal istemiyorum, seni öldürmek istiyorum" dedi.

Tüccar:

"Beni öldürüp eline ne geçecek? İşte malım, senin işine yarar, al da beni bırak!" dedi. Soyguncu aynı sözleri tekrar etti, onu öldüreceğini söyledi.

Tüccar:

"Öyleyse bana biraz müsaade et de bir abdest alıp namaz kılayım, Yüce Rabb'ime dua edeyim" dedi.

istediğini yap" dedi.

...k, abdest aldı, sonra namaz kıldı; namazdan
...erini açtı ve şöyle dua etti:

"Ya Vecud, ya Vedud, ya Zel-Arşi'l-Mecid! Ya Mubdiü,
ya Müid! Ya Fe'alün Lima yürid! Es-elüke bi nuri vechikel-
lezi melee erkane arşik, ve es-elüke bi kudretikelleti kaderte
biha ala halkık, ve bi rahmetikelleti vesiat külle şey'in. La
ilahe illa ente. Ya Müğis, eğisni."

Manası:

"Ey yüce dost, ey yüce arşın sahibi! Ey yoktan var eden,
var ettiğini yok eden Rabb'im! Ey her istediğini yapan
Allah'ım! Arşın her yanını dolduran zatının nuru hürme-
tine, bütün mahlukata hükmettiğin kudretinin azametine,
her şeyi kuşatan rahmetinin bereketine, senden istiyorum.
Senden başka ilah yoktur. Ey çaresizlerin yardımına yetişen
Allah'ım, bana yardım et."

Bu duayı üç kez tekrarladı.

Duasını bitirir bitirmez boz renkli, yeşil elbiseli bir atlı
belirdi. Elinde nurdan bir mızrak vardı. Soyguncu kendisine
yaklaşınca atlı ona hücum edip mızrağı öyle bir vurdu ki,
soyguncu atından yuvarlandı.

Atlı, tüccara dönerek:

"Kalk onu öldür" dedi.

Tüccar:

"Sen kimsin? Ben bu zamana kadar hiç kimseyi öldürme-
dim. Onu öldürmek hoşuma gitmez" dedi.

O zaman atlı gidip soyguncuyu öldürdü, sonra tüccarın
yanına geldi ve ona şöyle dedi:

"Ben üçüncü kat gökte bulunan bir meleğim. Sen ilk

dua ettiğin zaman göğün kapılarının gıcırdayıp ses verdiğini işittik ve 'Yeni bir olay oluyor!' dedik. Sen ikinci kez dua yapınca göğün kapıları açıldı. Sonra üçüncü kez dua edince, Cebrail gelerek:

'Şu anda darda kalmış kula kim yardım eder?' dedi.

Ben Yüce Allah'tan o soyguncuyu öldürme işini bana vermesini istedim, izin verildi ve sana yardıma geldim.

Ey Allah'ın kulu, şunu bil: "Kim başına gelen her türlü sıkıntı ve musibette senin yaptığın dua'yla dua yaparsa, Allahütaâlâ onun sıkıntısını giderir, kendisine yardım eder!"

Ebu Malek sağ salim Medine'ye döndü, Hz. Peygamber'in yanına geldi, başından geçenleri ve yaptığı duayı kendisine anlattı. Hz. Peygamber ona:

"Allahütaâlâ sana kendi ismiyle dua edilince kabul ettiği, bir şey istenilirse verdiği güzel isimlerini öğretmiş" buyurdu...

ZİHNİN OYUNLARINA DİKKAT ET

İnsanlar çok tuhaf, çünkü tamamen zihnin kölesi olmuş durumdalar. Geçen gün birisi bana şöyle sormuştu:

"Ben mutluyum, sizin yazılarınızla daha da kendime geliyorum, peki bu mutluluğumu nasıl devam ettirebilirim?"

Şimdi bu sorunun biraz içine, derinliğine bakmanı isterim. Kişi mutlu, fakat zihni onun bu mutlu anını yaşamasına engel oluyor, onu ileriye, geleceğe doğru itiyor, bu mutluluğu nasıl devam ettirebileceği konusunda onunla bir oyun içinde.

Zihin seninle oynamaya bayılır, tıpkı bir kedinin yün yumağıyla oynaması gibidir ve sonunda seni götürüp sobanın üzerine bırakacak, sobanın ateşi seni yakmaya başlayacaktır. İşte senin canın bu yüzden yanıyor, sadece farkında ol. Bu koruma güdüsü değildir, bu tamamen seni kaygı boyutuna getirmektedir. Eğer mutlu isen gelecekle ilgilenme, bunun tadını çıkar, tadını çıkar ki iblis senin mutluluğunla yansın ve erisin!

Ancak sen kendine kapalısın, kendinden uzak olduğun için tüm varoluşa kapalısın ve dışarıda aşk yağıyor. Aşk sağanak halinde, rahmetle yağıyor fakat sen göremiyorsun. Onu aradığın için göremiyorsun, ruhundan uzak kaldığın için onu kaçırıyorsun. O halde ne yapmalı? Basitçe tanıklık et, ancak bu tanıklığın ardından mucizelerin geleceğini beklemeden tanıklık et. Senin tanıklığın şeytani değil rahmani olmalı. Ve o zaman nur gelecektir, nur seni saracaktır. Artık üzerine yağan aşk seni ısıtmaya başlayacaktır.

Ve maskeleri bırakma zamanı geldi. Bu seni sadece yormakta, her güne başka bir maske takmaktasın. İnsanlara soruyorum "Nasılsın?" diye ve cevap hep aynı: "İyiyim." Çok net olarak onların mimiklerini, yüzlerindeki gerginliği görüyorum, aldıkları nefesi hissediyorum.

Kesinlikle iyi değiller; fakat "iyiyim" diyorlar. Bu bile bir alışkanlık olmuş, bir mekaniklik... İnsan ezbere yaşıyor, nasıl olduğunu açıkça söyleyemeyecek kadar ürkek, kendine güvensiz. Tek yapman gereken, olduğun seni kabul etmektir, o zaman içindeki sevgi tohumları çiçek vermeye başlar.

KUSURU ÖRT, KUSURU GÖREN GÖZ KUSURLUDUR!

Kimseyi ayıplama, evren senin aynandır, o sadece seni yansıtır. Başkalarıyla iletişim kurmadan önce kendi içine dön ve kendinle konuş; çünkü kendi yüreğinin sesini dinleyemeyen bir insan kimseyi duyamaz. Elindeki bütün kitapları bırak ve önce kalbinin kitabını oku, kalbinin kitabı, okuduğun kitaplardan daha anlamlıdır.

Patronunun yanında bir başka maske, evde başka maske... Bu sadece seni yoracaktır. Bütün maskeleri bırak ve kendin ol, ancak o zaman tam olarak özgürlüğe ulaşabilirsin. Ve konuşmalarını usul usul azalt, çünkü aşk, sen sustuğunda konuşmaya başlar. Sana taş atana sen gül ver; ver ki kaynağın sevgi olduğunu daima anımsayasın. Ve sadece sev, çünkü sen Allah'ın rahmeti olan sevgiyi çevrene yaymak için gönderdiği seçilmiş bir varlıksın. Sen halifesin.

Mutsuz olmak o kadar zordur ki... Neredeyse bütün enerjini ona vermek zorunda kalacaksın, yoksa mutsuzluk beslenemeyecek, yok olacak; fakat sen onu lanetinle, öfkenle, kusur arayarak, haklı olma peşinde koşarak sürekli besliyorsun. Mutluluk ise senin özünde akan bir nehirdir, onu beslemeye hiç gerek yok, onunla mutsuzluk kadar ilgilenmene bile gerek yok, o basitçe senin kendi olma halinle, senin teslimiyetinle birlikte doğar.

Elbette tüm duyguların pozitif ve negatif yanı vardır. Sabır istersen bela peşinden gelecektir; onlar hiçbir zaman tek başına gezmezler. Bu arada bir hadisi anımsatmak isterim:

Peygamber Efendimiz bir adamın, "Allah'ım senden sabır isterim" dediğini duydu ve "Sen Allah'tan bela (sıkıntı) istemiş oldun. Ondan afiyet dile" buyurdu. (Tirmizi, Daavat, 94)

Lanet edersen öfke onu takip edecektir, sağlık istersen hastalık onun yanından ayrılmayacaktır. Senin dışarıdan gelecek hiçbir duyguya ihtiyacın yoktur, sadece kaynağına dön ve dünyaya sevgi tohumları ek, ancak o zaman barış ve huzur ele ele olacaktır.

Sorunlar yaşıyorsun, çünkü Allah'la uyumlu değilsin! Senin tüm sorunun, O'nun "ol" diyerek karşına çıkardığı olaylara tepki vermenden, onları reddetmenden kaynaklanmaktadır. Sen farkında olmadan önce Rabb'ini sonra da yaşamı kabul etmiyorsun, bunu bir savaşa çevirdin ve hayat senin için kâbus olmaya başladı.

Hiçbir şeyi zora sokmaya gerek yoktur, senin ihtiyacın olan tek şey teslimiyettir. Ben sana teslimiyet derken pes etmekten söz etmiyorum, tam aksine büyük bir dönüşümü anlatıyorum. Teslimiyet özüne açılan en büyük kapıdır, onu kullan.

Huzursuz olan sen değilsin, huzursuz olan zihnin kendisidir ve sen kendini zihinle özdeşleştiriyorsun, zihnin senden bir parça olduğunu düşünüyorsun. Oysa zihin bir kalp ya da bir böbrek gibi organ değildir, o sadece düşüncelerin yuvasıdır ve bir enerji alanıdır. Onun ötesinde ise öz vardır, oraya bir kez ulaştığında mutlak huzurun içine düşersin.

Bir avuç topraktan geldiğini ve tekrar toprağa döneceği- ... . Bedeninin kıymetini bil, ona iyi bak; fakat onu sahiplenme. Mutsuzluk senin varlığına açılan kapılardan biridir, onu kullan ama içine işlemesine izin verme. Gözlerinin görmediği yerde yüreğini kullan, o mutlak göremediklerini sana gösterecektir.

İnsan olmaya çalışma, bu seni sadece yoracaktır, unutma! Sen zaten bir insansın, sadece olduğun seni bul bu kâfidir. Ve daima hatırla: Ruhun kutsaldır, o sana Rabb'inin emanetidir, üzerinde O'nun canından can vardır. Ve yaşa, ama hissederek, "ruhunla yaşa"!..

HAYATIN DENGE ÜZERİNE KURULU BİR TERAZİDİR

Şayet bir gülüp ardından ağlayarak insanların psikolojik sorunu olduğunu düşünüyorsan yaşam için ne diyebilirsin? Bir bakarsın hava güneşli ve ardından yağmur yağıyor, sonra gökkuşağıyla büyük bir kutlama gerçekleşiyor ve güneş tekrar belirip gülümsüyor, ardından tekrar şimşek çakarak kızıyor. Bu yüzden normal gibi gözüken insanlara dikkat et, onlar sadece yaşamın bir parçasına tutunup acı çekerler!

Olumlu düşünce olumsuzu reddetmektir, pozitif düşünce negatifi görmemektir. Bir şeyi reddettiğin an o artık senin dünyanda daha fazla enerji alanı yaratmaya başlar. Yaşam bütündür, o ayırt edilemez, tüm parçalar yaşamı tamamlar.

Gece olmadan sadece gündüzün anlamı yoktur. Bir mıknatısı negatif ve pozitif kutup olarak ayırt edebilirsin fakat iki ayrı kutup bir bütünü oluşturur, mıknatısın negatif kutbunu yok sayamazsın! Varoluşun içindekileri ayırt etme, onu bölme, sadece farkında ol, bu kâfidir.

Bir avuç kuru topraktan yaratıldığını, bir toprak olduğunu ve tekrar toprağa döneceğini unutmadığın sürece sorun yoktur. Peki, ben niçin "sorun yoktur" diyorum hiç düşündün mü?

Bu hem senin gerçekliğini idrak etmen hem de dünyanı kendi cennetine çevirmen için farkına varmanla ilgilidir. Geçmişte bir şey hariç başka hiçbir şeyi bilemezsin, hiçbir şeyden emin olamazsın; bunun garantisi yoktur. Ve o tek bir gerçekliğin ise ölümdür (yeniden doğuşundur). Ve toprak gibi davrandığın sürece senin üzerinde nice güller, nice ağaçlar ve nice canlılar bittiğini izleyeceksin; fakat onların hepsi gelip geçicidir, çürüyüp gidecek ve tekrar yenileri gelecektir.

Tıpkı düşüncelerin ve duyguların gelip geçtiği gibi... Bir gül oluşur ve yaprakları dökülmeye başlar, fakat sen baki kalırsın, sen her zaman onların merkezindesin. Toprak olduğunu idrak ettiğin an yavaş yavaş kendi köklerine doğru tekrar inmeye başlarsın. İşte orası senin nihai mutluluğundur. Orası rahmet nehrinin aktığı bahçedir, orası senin özündür.

Ben sana "kalbinin sesini dinle" derken içindeki bir sesten söz etmiyorum. Sözlerin kalpten geleceğine mi inanıyorsun? Hayır! Tüm sözler zihne aittir, şayet içinden "bak bu adam-kadın seni mutlu edebilir, bir şans ver" gibi sözler geliyorsa bu da zihnin oyunlarından biridir. Benim işaret ettiğim kalbin sesi doğadan gelir, bazen bir kedinin bazen bir köpeğin sesinde, rüzgârın fısıltısında yahut yağmur damlasının cama vuruşunda onu duyabilirsin.

Anlamak zihinsel bir eylemdir, anlamak egonun ince oyunlarından biridir. Ne zaman bir şeyi anlamaya çalışırsan kendini şimdiki sonsuz anın, o rahmet alanının dışında bulursun. Artık yaşam ellerinin arasından kayıp gitmiştir. Sen bu dünyayı anlamaya değil, onu tefekkür etmeye geldin. Onu her damlasına kadar iç, kendini nihai bir huzurun içinde bulacaksın.

Dünyaya bomboş gelirsin ve toplum seni kendi fikirleriyle doldurur, kendi deneyimini yaşamana kimse izin vermez. Sen farkına varmadan bir köle olmaya koşullandırılırsın.

Ve biliyor musun Allah insanı niçin dünyaya göndermiştir? O, nasıl bir şey yarattığını, yarattığı insanoğlunun neler yapabileceğini görmek istemiştir.

İnsan olmaktaki gaye Hakk'ı bilmektir. Allah diyor ki:

"Ben gizli bir hazineydim, bilinip tanınmayı diledim, bu yüzden insanları yarattım."

O kendi deneyimini yaşamak istemiştir: "Şimdi ben bir varlık yarattım, onu oyun bahçesine bırakacağım, bakalım neler yapabiliyor?"

HAYAT TEK BİR NOTA DEĞİLDİR

Eğer hâlâ başkalarının fikirlerini taşıyorsan onları hemen bir köşeye bırak gitsin. Ve oradan yavaş yavaş uzaklaş. Kendi deneyimlerinle kendi fikirlerine ulaştığın an bu yaşam artık senin aydınlığın olacaktır.

Do-re-mi-fa-sol-la-si... Yedi tane nota var öyle değil mi? Ve sen sadece bir tanesini, mutluluğun sesini duymak istiyorsun, diğer altı notayı reddediyorsun. Onları her zaman elinin tersiyle itiyorsun. Çünkü onlar sana karmaşık geldi ve karmaşık bir müzik her zaman rahatsızlık verecektir. Niçin kalan altı notayı da kullanıp ruhuna hoş gelecek bir beste yapmayı denemiyorsun?

Hayat tek bir nota değildir, şayet öyle olsaydı, sadece mutluluğun notası olsaydı, bu yaşam sana çok sade gelecekti. Artık bu dünyada kalmanın bir anlamı yok, buradan ne zaman gidebilirim, diye düşünmeye başlayacaktın. O halde tüm notaları kullan, onlar sen reddettiğin için karışıktır, bir kez diğer notaları sevgiyle kabul ettiğinde bu hayatın eşsiz şarkısını duymaya başlayacaksın.

Sen kuyumcuya giderek altının ne kadar değerli olduğunu anlatıyorsun, ona kendi fikrini sunuyorsun. O zaten bunun farkında, o altının değerini idrak etmiş. Şimdi ona fikirler sunmanın ne anlamı var? Ve aynısı sen doğduğunda olur, hemen aile büyüklerin başucunda toplanır; sonra da sen büyürken sana yavaş yavaş kendi fikirlerini, kendi ahlak kurallarını anlatmaya, benimsetmeye başlarlar. Onlar seni yavaş yavaş zehirli fikirlerle işlemişlerdir.

Başkasının fikirleri, düşünceleri seni sadece zehirler. Ben bu yüzden, tüm fikirlerden kurtulmadan ilahi olanı, hakikati, Rabb'i idrak edemezsin diyorum. Allah vardır fakat O bir biçim değildir, O her şeydir. O'nun rahmeti her şeye tecelli eder. Sen O'ndan ayrı değilsin, sen O'ndan bir parçasın.

Fakat aydınlığın, rahmetin kapısını zihinle/kelimelerle aralayamazsın, bu zihnin ötesinde, senin idrakinle açılacak bir kapıdır.

Mutsuzluk, huzursuzluk içindedir. Evet, ancak onu görebilmek için senin zihnin dışına çıkman gerekiyor. Her insan bir mucizedir, içine dön, daha içine, gördüğün senden daha da derine... Orada rahmeti, nuru göreceksin, işte o vakit eriyip yeniden küllerinden biteceksin! Hepsi bu kadar!..

Her insan bir damladır, kâinat denen okyanusa kavuşmak
isteyen...

Oysa bir adım ötededir aradığı.

Ancak gözleri kördür göremez.

Ona tek engel ise yine kendi nefsidir...

ALLAH SENİ KORUR SEN YETER Kİ O'NUNLA MEŞGUL OL

Geçen gün bir okurum, "Uğur Koşar, çok mutsuzum çoook" diye yazmış.

"Nedir sizi yoran?" diye sordum.

"Gerçek bir dostum yok, hep kuyum kazılıyor" diye cevap verdi.

Ben de ona "Aslında gerçek dost var. Evet, kesinlikle var. Tam güvenilir, baki olan Allah var ama siz o yolda sanırım tam olarak yoksunuz, buradan öyle görünüyor" dedim.

Maalesef biz yokuz! Her şey var, sevgi var, rahmet var, nur var, ilahi aşk var ama biz sahte olana alışmışız. Bizi sahte şeyler mutlu ediyor. Biz gerçek olandan hep kaçıyoruz. Biz O'nunla meşgul olmak yerine sahte dostluklarla meşgul olup hakiki huzuru arıyoruz. Sonra da çok mutsuzum diye isyan ediyoruz. Korku içinde yaşıyoruz. Güvensizlik içinde yaşıyoruz.

O seni korur merak etme, sen yeter ki O'nunla meşgul ol.

Rabia ül-Adeviye, bir gece, evinde geç vakitlere kadar namaz kılarken hasırın üzerinde uyuyakaldı. Bu arada evine bir hırsız girdi. Her tarafı aradı, çalacak bir şey bulamadı.

Giderken, "Girmişken boş çıkmayayım" diyerek, Rabia Hazretleri'nin dışarıda giydiği örtüsünü aldı. Evden çıkarken yolunu şaşırdı, kapıyı bulamadı. Geri dönüp örtüyü aldığı yere bıraktı. Bu sefer rahatlıkla kapıyı buldu. Kapıyı bulunca tekrar geri dönüp, örtüyü aldı. Fakat yine kapıyı bulamadı. Bu hal yedi defa tekrarlandı.

Yedinci defa tekrar örtüyü eline alınca şöyle bir ses duydu:

"Ey kişi, kendini yorma. O yıllardır kendini bize ısmarladı. Şeytanın ona yaklaşma gücü yok iken, hırsızın onun örtüsüne yaklaşması mümkün müdür? Git, yorulma, boşuna uğraşma. O uyuyorsa da dostu uyanıktır ve onu korumaktadır!"

"BEN" VE "SEN"İ BIRAKTIĞIN AN "BİR" DOĞAR

Geçen gün bir danışanım evlilikte yaşadığı sorunu anlatmak üzere gelmişti görüşmeye. Kocasının kendisini aldattığından yakınıyordu o an içinde bulunduğu psikolojinin etkisi altında haklı olarak... Bu şekilde mustarip o kadar çok insan var ki...

"Eşin pişman mı?" diye sordum. "Evet hocam, çok pişman" diye cevap verdi.

Ona, "O zaman onu suçlama. Bu adam kötü biri değil, şayet kötü bir insan olsaydı zaten onunla evlenmezdin. Onun penceresinden bakıver şimdi. Ben haklı ve haksız aramıyorum. Zaten bu zihnin sevdiği oyunlardan biridir. Haklı olduğun halde zihin seni yorarak enerjini almaya bayılır. Şimdi nefsi mutlu etmenin anlamı yok.

Bu adam şeytana uymuş. Şeytan nifak tohumu ekmiş ve adamcağız nefsine yenik düşmüş. Koskoca Peygamber, ilk insan, Hz. Âdem (A.S) bile nefsine uyarak günah işliyor ve cennetten kovuluyorken, eşinin seni bir kez aldatmasına onu kaybettim gözüyle bakamazsın!

Eğer pişman ise affedeceksin. Şeytan o kadar güçlü ki, onu baştan çıkarmasına vesile olmuşsa eşine kızma. Bunu tekrar ederse, o zaman dilediğini yaparsın. Ancak şimdi onu bu konuda suçlama" dediğimde bakış açısı değişmişti.

Bir hafta sonu eşiyle birlikte aradılar beni, teşekkür ediyorlardı. İkisi de çok mutluydu, yaşam tüm güzellikleriyle onlar için yeniden başlamıştı. Bu sefer onların yaşamlarının içinde değer denen bir çiçek de vardı. Çünkü onlar bu olay sayesinde birbirlerinin değerini daha iyi anlamışlardı.

Bazen onun penceresinden bakmak gerekir hayata...

Birbirlerine kırılan iki arkadaştan biri, uzun bir aradan sonra diğerinin kapısını çalar.

"Kim o?" diye seslenir içerdeki.

"Benim" der kapıyı çalan.

"Burada ikimize birlikte yer yok" diye cevap verir öbürü.

Aradan uzunca bir zaman geçer... Yeni bir umutla tekrar çalar sevdiği arkadaşının kapısını.

"Kim o?" diye sorar yine içerdeki.

" 'Sen'im" der bu sefer. Ve kapı sonuna kadar aralanır.

Hz. Mevlana da, "Birisinin kalbinde taht kurmak, sevgisini kazanmak istiyorsanız, öylesine sevmelisiniz ki, benliğinizi bırakıp adeta o olmalısınız" diye anlatır hakiki muhabbeti.

SENİN GÜVENİN ZAYIF İSE
ALLAH NE YAPSIN?

Rahmet bizim üzerimizden bir an olsun ayrılmaz. Allah'ın nuru ve rahmeti sürekli senin üzerindedir. O asla cimrilik yapmaz. O "Vehhab"tır, karşılıksız olarak kullarına nimetlerini verir. Senin doğru olmanı ya da senin yanlıştan dönmeni beklemeden nimetini sunar. O'nun rahmeti senin özünde akmakta olan bir nehirdir. Fakat sen zihnin içinden yaşama baktığın için tüm güzelliği kaçırıyorsun, onu göremiyorsun!..

Birçoğumuz "Allah beni duymuyor" diye yakınmaktayız. Ve yine aynı şekilde çoğu insan "O kadar çok dua ettim ki bugüne kadar benim duamı Allah kabul etmiyor" inancındadır. Hatta bu yüzden Allah'tan ümidini kesmiş insanların sayısı o kadar çok ki...

Zihin de bu durumdan istifade ederek seni Rabb'inden uzaklaştırmak için fitne tohumları ekmeye bayılır. İşte tam zamanı diyerek seni O'ndan uzaklaştırmak için elinden geleni yapacaktır. O halde ne yapmalı?

Önce farkında olmanı isterim. Allah'ın verdiği de vermediği de imtihandır. Ve bu imtihanın içinde olduğun için bile mutlu olmalısın. O seni görüyor, ilgisi senin üzerinde. İmtihan olduğuna göre tüm dikkati senin üzerinde olmalı, öyle değil mi?

O çoğu şeyi meleklerine de bırakmaz, bire bir kullarıyla

bizzat kendisi ilgilidir. O senin evladına duyduğun merhametten de sana daha merhametlidir. Bunu ısrarla söylüyorum. Şimdi senin tek yapman gereken tüm kalbini açman ve O'na teveccühle yaklaşmandır.

O senin duana icabet eder, sen yeter ki ümidini sağlam tut.

Peygamber Efendimiz, Allah'ı anma, O'nu zikretme konusunda yaratılmışların en üstünüydü.

Kuran'da Allah diyor ki: "De ki: 'Sizin duanız olmasaydı Rabb'im size değer verir miydi?..' " (Furkan Suresi, 77. ayet)

Efendimiz'in dua hakkındaki bazı hadislerini de paylaşmak isterim yeri gelmişken:

"Allah katında duadan makbul ve kıymetli hiçbir şey yoktur." (Tirmizi)

"Kul duasında üç şeyin birini almaktan şaşmaz: Ya dua sayesinde günahı bağışlanır veyahut peşin bir mükâfat alır veya ahirette karşılığını görür." (Deylemi)

"Allah'ın fazlından isteyin. Allah kendinden istenmesini sever. İbadetlerin makbulü, ferahlığı beklemektir." (Tirmizi)

"Kulun Allah'a en çok yakın olduğu secde halidir. Secdede Allah'a çok dua edin." (Müslim)

"Muhakkak ki sizin Rabb'iniz hayâ ve kerem sahibidir. Kulları ellerini kaldırıp kendisinden bir şey istedikleri zaman, onları boş çevirmez." (Tirmizi/Ebu Davud)

"Dua ettiğiniz zaman, kabul olunacağına inanarak dua edin. Bilmiş olun ki, gafletle yapılan duaları Allah kabul etmez." (Tirmizi)

"Allahütaâlâ dualarınızı kabul eder. Ta ki 'Dua ettim hâlâ kabul olmadı' deyip acele etmedikçe. Allah'tan çok isteyin. Çünkü siz kerem sahibinden istiyorsunuz." (Buhari/Müslim)

Resulullah'ın gün içinde sık tekrarladığı bir dua şöyledir:

"Yüzümü, göğsü inanç dolu bir Müslüman olarak yeri ve göğü yaradana çevirdim. Ben O'na ortak koşanlardan değilim. Kıldığım namaz, yaptığım ibadetler, hayatım ve ölümüm ortağı bulunmayan âlemlerin Rabb'i olan Allah'a aittir.

Allah'ım hükümran sensin. Senden başka ilah yoktur. Sen Rabb'imsin. Ben senin kulunum. Rabb'im, günahlarımı ancak sen bağışlarsın. Beni en güzel huylara ulaştır. Zaten en güzellerine ancak sen ulaştırırsın. Kötü huyları benden uzaklaştır. Onları senden başkası benden uzaklaştıramaz. Ben seninleyim. Sana döneceğim. Sen yüceler yücesisin. Affına sığınıyor, sana yöneliyorum.

Göklerin ve yerin yaratıcısı, gizli olanı, aşikâr olanı bilen Allah'ım! Ayrılığa düştükleri konularda kullarının arasında sen hükmedersin. İzninle, hakta ayrılığa düştükleri konularda beni hakka ulaştır. Şüphesiz sen dilediğini doğru yola eriştirirsin." (Tirmizi/Müslim)

Fakirin biri, bir ağaç dibinde gölgelenmekte olan Hz. Ali'ye (R.A) gelir, ihtiyaçlarını arz eder:

"Çoluk çocuk sıkıntı içindeyim, ne olur bana biraz yardımda bulunun" der.

Hz. Ali (R.A) hemen yerden bir avuç kum alır, üzerine okumaya başlar. Sonra da avucunu açar ki, kum tanecikleri altın külçeleri haline gelmiş...

"Al" der fakire, "ihtiyacını karşıla!"

Fakirin gözleri yerlerinden fırlayacak gibi olur:

"Allah aşkına söyle ya Ali! Ne okudun da kum tanecikleri altın oluverdi?" der.

Hz. Ali (R.A) anlatır:

"Kuran-ı Kerim, Fatiha Suresi'ne gizlenmiştir. Ben de Kuran-ı Kerim'i okudum, yani Fatiha Suresi'ni okudum bu kumlara..."

Bunu öğrenen fakir durur mu? O da bir avuç kum alır ve başlar okumaya. Okur, okur, okur... Ama kumlarda bir değişiklik yoktur. Altın filan olmuyor, aynen duruyor. Tekrar gelir ve İmam Ali Hazretleri'ne:

"Ben de okudum, ama bir şey değişmiyor; kumlar altın olmuyor" der. Hz. Ali (R.A) boynunu büker, mahcup bir edayla karşılık verir:

"Ne yapayım" der. "Dua aynı dua, ama, okuyan ağız aynı değildir! Dua tamam, lakin, okuyanın ihlası ve teveccühü tamam değildir!.."

Seni anbean gözetleyene layık olmaya çalış, dünyaya gönderilmiş bir halife olduğunu unutma.

Bu hayat sana verilmiş bir emanettir, düz ol, doğru ol ki emanete hıyanet etmemiş olasın.

Ve kini, fesatlığı bırakıp devamlı sev.

Sev ki Allah da rahmetiyle evine, yüreğine, sevdiklerine tecelli etsin.

ALLAH, DUASINDA ISRARCI OLANI SEVER

Nedir bu acelen, güvensizliğin, bu sabırsızlığın? Bilmez misin Allah işleri yavaş yavaş halleder? Allah asla acele etmez. Ancak sen acelecisin. Sen her şeyi anında olsun istiyorsun. Her varlığın, her oluşun bir tekâmülü vardır. Bir süreci, bir olma zamanı vardır. Senin ruhunun çiçek açma zamanı da gelecektir ancak bu aceleyle buna ulaşamazsın. Ulaşsan bile tadını alamazsın. Olmuşsundur, ama olduğunun bile farkına varamazsın!

İstediğin bir şeyi Allah vermiyorsa ya O'na tüm yüreğinle yönelmediğin veya duanda ısrarcı olmadığın içindir. Yahut da Allah sana bu dünyada vermediğini ahretine sakladığı içindir.

Sevdiğim ve tevekkülle anlattığım bir kıssa vardır. Her anlattığımda kendimi oradaymış gibi hisseder ve yaşarım:

Hz. Musa (A.S) bir mecliste otururken yanına evli bir çift gelir.

"Ya Musa! Bizim çocuğumuz olmuyor. Allah'la konuş, bizim çocuğumuz ne zaman olacak?" derler.

Hz. Musa (A.S) Allah'a yönelir ve "Allah'ım! Bu çiftin ne zaman çocukları olacak?" diye sual eder.

Allah:

"Ya Musa! Söyle onlara, onların hiçbir zaman dölleri tutmayacak" der.

Hz. Musa (A.S) Allah'ın sözlerini çifte iletir. Karıkoca başları önlerinde üzülerek giderler. Aradan beş yıl geçer. Aynı karıkoca kucaklarında dört yaşında bir çocukla gelirler Hz. Musa'nın (A.S) yanına. Hz. Musa (A.S) yanlarındaki çocuğu görünce şaşırır ve sorar:

"Bu çocuk kimindir?"

"Bu bizim çocuğumuz ya Musa" derler.

Hz. Musa (A.S) Allah'a yönelir ve sorar:

"Allah'ım! Hikmetinden sual olunmaz ancak merak ettim. Hani bu çiftin hiçbir zaman çocukları olmayacaktı?" der.

Ve Rabb'im der ki:

"Evet ya Musa! Onların hiçbir zaman çocukları olmayacaktı, fakat onlar bunu bile bile benden ümitlerini kesmediler ve her gün bana samimiyet ve inançla gözyaşı döküp dua ettiler. Ben de onlara evlat nasip ettim."

Tüm mahlukatın tınısını bile duyan Rabb'in
senin sesini mi duymayacak sanıyorsun?
O ümidini kesmeyenlerle birliktedir.

TEVEKKÜL TÜM İLAÇLARDAN DAHA ETKİLİDİR, ÇÜNKÜ ONUN İÇİNDE NUR VARDIR

Abidlerden biri, uzun süre Allahütaâlâ'ya kulluk etmişti. Rüyasında, bir çoban kadının cennetteki hanımı olacağını gördü. Uyandıktan sonra, o kadını aramaya başladı. Sonunda onu buldu ve yaptığı amellere bakmak için onu takip etti. Kendisi geceleri uyuyordu. Gündüzleri ise oruçlu değildi. Sonunda kadına: "Gördüğüm şeyler dışında başka bir amelin yok mu?" diye sordu.

Kadın: "Gördüğünden başka amelim yoktur" dedi.

Adam: "Hatırlamaya çalış" dedi.

Kadın biraz düşündükten sonra şöyle dedi:

"Basit bir husus ama söyleyeyim: Ben, darlıktayken refahta olmayı, hastayken iyileşmiş olmayı temenni etmem. Güneşte kaldıysam, gölgede olmayı temenni etmem."

Abid elini başına koydu ve "Bu mu basit bir özellik? Bu, and olsun ki abidlerin âciz kaldıkları en büyük haslettir. Bu rıza makamında olanların halidir..."

Peki, ya sen? Sen kendine hangi makamda olduğunu hiç sordun mu? Neredesin, yaşıyor musun? Yoksa ömrünü isyan ederek mi geçirmektesin? Evet, insanları izle, birçoğu sürekli isyan içinde nefes almaktalar. İsyan acıdır, isyan içinde alınan nefes zehirden farksızdır.

Payına düşene razı olmuyorsun, daima egon, nefsin ön

planda. Hırsın ve memnuniyetsizliğin seni derece derece küçültmekte. Bir sorun yaşadığında onun içinden çıkmak için mücadele ediyorsun ve çırpındıkça daha da dibe batıyorsun. Çünkü zihin, nefis bataklık gibidir; düşündükçe, çırpındıkça seni daha çok aşağıya çekecektir. Oluşa karşı davranıyorsun. Allah'ın senin için uygun gördüğünü sen uygun bulmuyorsun! Senin tam olarak yaptığın bu!

Sen derdin kimden geldiğini bilmez misin? Bilseydin üzülmez, sevinenlerden olurdun. İyi dinle:

Hz. Mevlana bir gün eve gelir, oğlunu üzgün görür. Sebebini sorar.

Oğlu "Hiç..." der.

Hz. Mevlana dışarı çıkar. Kapıda asılı bir kurt postu vardır, onu alır, üstüne giyer. Ellerini havaya doğru açıp ulumaya başlar.

Oğlu babasının bu haline bakıp güler.

Hz. Mevlana:

"Evladım gördün mü? Dünya dertleri de işte böyledir. Kurt, aslında korkutucu bir hayvandır. Ama sen o postun arkasında babanın olduğunu bildiğin için korkmadın ve güldün. İşte bütün dertlerin arkasında da Rabb'inin olduğunu bil ve O'na güven" der...

"DUAM KABUL OLMUYOR" DİYORSUN

Ben insanlara "Acele etmeyin, paniğe kapılmayın, Allah işleri yavaş yavaş halleder" derken biri şöyle karşılık verdi: "Artık sabrım kalmadı, bıktım, ne zaman benim işimi halledecek?"

Buna benzer o kadar çok söz duyuyorum ki... Bu durum bizim Rabb'imize ve kendimize olan güvensizliğimizi gösteriyor. Allah icabetinde biraz gecikir. O seni bu konuda da imtihan eder. Çünkü bilir ki hemen şeytan sana musallat olacak ve "Bak işte duan kabul olmuyor, Allah seni duymuyor bile, sen bu yoldan geri dön" diyecektir.

Bu yüzden Allah senin tutumunu görmek ister. O senin davranışını, O senin gönlünden geçeni işitmek ister. Sen büyük bir imtihanın içinde olduğunun farkında bile değilsindir. Ve şeytan çoğu kez maalesef başarıyor, istediğini elde ediyor. Senin ümidini kesiyor, seni Allah'tan koparıyor. O meyveyi dalından koparıyor, işte sen bu yüzden soluk bile alamıyorsun, çünkü O'nsuzsun...

Hz. Mevlana anlatıyor:

Birisi her gece kalkıp Allah'ı anıyor, O'na dua ediyordu. Şeytan ona dedi ki:

"Ey Allah'ı çok anan kişi, bütün gece 'Allah' deyip çağırmana karşılık seni buyur eden var mı? Sana bir tek cevap bile gelmiyor, daha ne zamana kadar dua edeceksin?"

Adamın gönlü kırıldı, başını yere koydu ve uyudu. Rüyasında ona şöyle denildi:

"Kendine gel, uyan! Niye duayı, zikri bıraktın ki? Neden usandın ki?"

Adam:

" 'Buyur' diye bir cevap gelmiyor ki! Kapıdan kovulmaktan korkuyorum" dedi.

Bunun üzerine dendi ki ona:

"Senin Allah demen, O'nun buyur demesi sayesindedir...

Senin yalvarışın, Allah'ın senin ruhuna haber uçurmasındandır...

Senin çabaların, çareler araman, Allah'ın seni kendine yaklaştırması, ayaklarındaki bağları çözmesindendir...

Senin korkun, sevgin, ümidin Allah'ın lütfunun kemendidir...

Senin her 'ya Rabbi' demenin altında, Allah'ın 'buyur' demesi vardır...

Gafil, cahil, cani, bu duadan uzaktır. Çünkü 'ya Rabbi' demeye izin yok ona. Ağzında da kilit vardır, dilinde de...

Zarara uğradığı zaman, ağlayıp sızlamasın diye Allah ona dert, ağrı, sızı, gam, keder vermez...

Bununla anla ki, Allah'a dua etmeni, O'nu çağırmanı sağlayan dert, dünya saltanatından çok ama çok daha iyidir...

Dertsiz dua soğuktur. Dertliyken yapılan dua gönülden, taa derinden kopar..."

"Ben kulumun zannı üzereyim.

Kulum beni andığında ben onunla birlikteyimdir.

O beni kendi başına zikrederse ben de onu kendim
zikrederim.

O beni bir topluluk içinde zikrederse ben onu onunkinden
daha hayırlı bir topluluk içinde zikrederim.

Kulum bana bir karış yaklaşırsa ben ona bir arşın yaklaşırım.

O bana bir arşın yaklaşırsa ben ona bir kulaç yaklaşırım.

O bana yürüyerek gelirse ben ona koşarak giderim."

ALLAH SENİN SÖZLERİNE DEĞİL KALBİNE BAKAR; ŞÜKÜR TEŞEKKÜR, HAMD ÖVGÜDÜR

İstediğin kadar güzellik, huzur iste, istediğin kadar dua et. Şayet senin içinde kin, nefret ve haset varsa karanlığa mahkûm kalırsın! Gelen beyaz bile senin içindeki siyahla karalanır...

İnsanların sebepsiz yorgunlukları vardır ki bunların en büyüğü içlerinde taşıdıkları kindir. Ve kin, kendi enerjini tüketmekten başka bir şey değildir. Elde edeceğin tek şey, sebepsiz hissettiğin yorgunluğun olacaktır. İnsanların büyük bir kısmı, çok geniş bir kitle, bu yüzden yorgundur ve onlar niçin yorgun olduklarını bile anlamadan yaşarlar. Sadece isyan içindedirler.

Şükürsüz geçen bir ömür, karanlıktır, hapishanedir; sıkıntı ve musibet getirir. Ve bilir misin sen en güzel nefes nedir? Her nefes alışta içine huzur dolduran, her nefes verişinde dünyaya huzur yayan... İşte o şükreden nefestir.

Rabb'im sana anahtarı vermiş. O sana Kuran'da Nisa Suresi'nin 147. ayetinde istediğin karşılığı sunmuş:

"Eğer siz iman eder ve şükrederseniz, Allah size neden azap etsin! Allah şükre karşılık veren ve her şeyi bilendir."

Rabb'im yine Araf Suresi'nin 10. ayetinde senin şükrüne karşılık uyarıyı asırlar öncesinde yapmış:

"And olsun, sizi yeryüzünde yerleşik kıldık ve orda size geçimlikler yarattık. Ne az şükrediyorsunuz?"

Bizler ne olursa olsun kaderimizi severiz yazandan ötürü. İyi ve kötü bilmeyiz, biliriz ki iyi ve kötü, güzel ve çirkin nefsin, zihnin bizi bizden uzaklaştırma yoludur. Allah'tan sadece güzellik, nur, sevgi, merhamet gelir. Ötesi nefisten gelir, zihinden gelir.

Ancak sen kaderine isyan da etsen, rızkını senden kesmeyen, şefkat ve merhamet sahibi Rabb'in var. O seni her zaman koruyor, seni özenle yaratmış ve sen O'nun için değerlisin. Sıklıkla söylüyorum; evet, O sana bir annenin yaklaştığı, duyduğu merhametten daha fazla merhamet duyandır.

Genç bir veli ölüm döşeğinde, ömrünün son dakikalarını yaşamaktadır. Hayatını hep ahirete göre yaşayan bir ailenin ferdi olduğu için ölüm korkusuna dayanıklıdır? Ve babası da öyle bir evlada hakkıyla baba olmuş, bir başka Hak dostudur.

Baba oğula sorar:

"Evladım! Ahirette neyle karşılaşmayı bekliyorsun?"

Sorudaki ima genç veliye tebessüm ettirir.

Baba sormaktadır. Acaba bahtına ne çıkacak? Rahmet mi, azap mı?

Ölüm yolcusu son nefeslerinden birini daha aldıktan sonra cevap verir:

"Babacığım, eğer öteki taraftaki durumuma annem karar verseydi acaba ne yapardı?"

Baba hiç duraksamadan:

"Evladım, annedir o, şefkatlidir. Günahına, sevabına bakmadan seni cennetin firdevsine indirirdi."

Ve bu cevap genç velinin dünya yaşamındaki son tebessümüne neden olur. Gözleri önce yaşarır, sonra ümitle, güvenle parlar, babasına döner:

"Ey babam! Benim Rabb'im, bana annemden daha şef-

Rabb'im ben senin rahmetini,
senin cennetine değişmem.
Beni huzurlu kılan vaad ettiklerin değil, bana rahmetinle
muamele etmendir.
Ben seni bilir, seni tanır, seni isterim.

SEN O'NU BİR KERE YÜREKTEN ANARSAN O SENİ EBEDİYEN ANAR

Senin velin (dostun), senin vekilin (yardımcın), senin vedüdün (gerçek sevgiye layık olanın) sana yeter. O sana kâfidir. O'nu anmaktadır bütün sır. Kâinat sende gizlidir, sen ise O'nda... O'nu anınca dünya durur, melekler sana imrenir. İşte bir halife var orada Rabb'ini zikrediyor, Rabb'i kendisini zikretmesini istediği için, derler. Bu nasıl derin bir iletişimdir... Bu ne hoş, ne nurlu bir yoldur...

Hemen aklına geliyor mu daha önce de paylaştığım o anahtar ayet?

"Kalpler ancak Allah'ı anmakla huzur bulur." (Ra'd Suresi, 28. ayet)

İşte sen O'nu anıyorsan O istediği için. Senin bir özelliğin olmalı. Bu kadar insan O'nu anmaz, iş güç peşinde koşarken bu satırları okurken bile sen O'nu andın. O'nu anmadığımız an yoktur ki aslında. Sadece zihin denen perde aradadır da kalbimizin ne dediğini duymayız bile... Yoksa ruhun, varlığın O'ndadır da sen kendinde değilsen bu ilahi buluşmayı hissedemezsin. O sana ruhuna üflemiştir, işte bu yüzden O sendedir sen ise O'nda...

Ne diyor Rabb'im:

"Ben size şahdamarınızdan daha yakınım." (Kaf Suresi, 16. ayet)

Hz. Ali (R.A) der ki:

"Senin ilacın sende olduğu halde bilmiyorsun. İlletin de gene sende olduğu halde görmüyorsun. Sen kendini küçük bir cisim sanırsın. Halbuki büyük âlem sende saklıdır, bilmiyorsun.

Sen öyle apaçık bir kitapsın ki, gizli olan şeyler o kitabın harfleriyle meydana çıkar okunur.

Sen vücutsun, senin harice ihtiyacın yok. Sende mevcut olan şeyler, kitaba gelmez. Kâinat kitabında yazılı olan şeylerin hepsi senden çıkmıştır."

Mehmet Akif Ersoy ise şu dizelerle dokunur yüreklere:

"Senin mahiyetin, hatta meleklerden de ulvidir;
Avalim sende pinhandır, cihanlar sende matvidir.
Zeminlerden semalardan taşarken feyz-i Rabbani,
Olur kalbin tecelli-zar-ı nura nur-i Yezdani...
Musaggar cirmin amma, gaye-i sun'-i İlahisin;
Bu hasiyetle payanın bulunmaz, bitenahisin..."

Bu yüzden kendini keşfetmek evreni keşfetmekten daha değerlidir. Kendinden habersiz insan uykudadır. O zihnin, nefsin köleliği içinde isyan eder durur. Zihin bir yılandır ruhunu zehirleyen, o ruhu ise ancak Allah'ı anmak temizler.

Allah'ın özel olarak görevlendirdiği bir melekler topluluğu, bir grup insanın bir araya gelerek Allah'ı zikrettiğini görürler.

Sonra bütün melekler, hep birlikte kanatlarını açarak, insanları kanatlarıyla örterler. Böylece yer ile gök arası meleklerle dolar. Allah'ı anıp öven topluluk dağılıncaya kadar onlarla beraber olurlar.

İnsanlar dağılınca melekler göğe yükselirler.

Allah, her şeyi meleklerden daha iyi bildiği halde meleklerine sorar:

"Nereden geliyorsunuz?"

"Dünyada yaşayan bazı kullarının yanından geliyoruz. Onlar bir araya gelmişler ve seni tesbih ediyorlardı."

"Kullarım bir araya gelmiş ne diyorlardı?"

"Subhanallah diyerek seni övüyorlar. Allahuekber diyerek seni en büyük olarak kabul ettiklerini söylüyorlar. La ilahe illallah diyerek senden başka ilah olmadığına şahitlik ediyorlar. Elhamdülillah diyerek de sana Hamd ediyorlar."

"Onlar beni görmüşler mi ki beni bu şekilde övüyorlar?"

"Hayır ey Rabb'imiz. Seni görmediler."

"Ya beni görselerdi, ne yaparlardı?"

"Şayet seni görselerdi, sana daha çok ibadet ederler, seni daha çok överlerdi."

"Benden ne istiyorlar?"

"Senden cennetini istiyorlar."

"Cenneti görmüşler mi?"

"Hayır ey Rabb'imiz. Cenneti görmediler."

"Ya cenneti görselerdi, ne yaparlardı?"

"Şayet cenneti görselerdi, onu daha çok isterler ve onun için daha çok çalışırlardı."

"Neden korkuyorlar?"

"Cehenneme girmekten korkuyorlar."

"Onlar cehennemi görmüşler mi?"

"Hayır ey Rabb'imiz. Cehennemi görmediler."

"Ya cehennemi görselerdi, ne yaparlardı?"

"Şayet cehennemi görselerdi, ondan daha çok korkar ve kaçarlardı."

Sonunda Allah şöyle buyurdu:

"Sizi şahit tutuyorum. Ben bir araya gelip beni öven ve Hamd eden o kullarımın hepsini affettim. Onları istedikleri cennete sokacak ve korktukları cehennemden uzak tutacağım."

Bunun üzerine bir melek söz aldı:

"Ey Rabb'imiz. Onların hepsi seni övmek için bir araya gelmiş değillerdi. İçlerinde onlardan olmayan günahkâr bir adam da vardı. O adam bir işi için oraya gelmişti."

Allah bunun üzerine şöyle buyurdu:

"Onu da affettim. Onlar öyle bir topluluktur ki, onlarla beraber olanlar da onların sayesinde kurtuldular..."

"Üç kişi bir araya gelirse, dördüncüsü benim.
Dört kişi bir araya gelirse, beşincisi benim."
(Mücadile Suresi, 7. ayet)

SEN RIZKIN ALLAH'TAN GELDİĞİNİ UNUTMUŞSUN!

Bir gün Süleyman Peygamber bir karıncaya bir yıllık yiyeceğinin miktarını sorar.

Karınca da, "Bir buğday tanesi yerim" diye cevap verir.

Cevabın doğru olup olmadığını kontrol etmek isteyen Süleyman Peygamber karıncayı bir şişeye koyar. Yanına da bir buğday tanesi koyarak hava alacak şekilde şişeyi kapatır. Ondan sonra da bir yıl bekler. Müddeti dolunca şişeyi açtığında bir de bakar ki karınca buğday tanesinin yarısını yemiş, yarısını da bırakmıştır. Kendi kendine meraklanır. Acaba neden yemedi?

Bunun üzerine Hz. Süleyman karıncaya buğday tanesini tamamen neden yemediğini sorar.

Karınca da, "Daha önce benim yiyeceğimi Yüce Allah verirdi. Ben de O'na güvenerek bir buğday tanesini tamam olarak yerdim. Çünkü O beni asla unutmaz ve ihmal etmezdi. Fakat bu işi sen üzerine alınca doğrusu nihayet bu âciz bir insandır diye sana pek güvenemedim. Belki beni unutup yiyeceğimi ihmal edebilirsin diye düşündüm. O yüzden de bir yıllık yiyeceğimin yarısını yiyerek, diğer yarısını da ertesi yıla bıraktım..." der.

İnsanlar geçim sıkıntısı çekiyor, dilerse Allah rızkını açmaz mı? Elbette açar, hem de öyle bir açar ki sen o gelen rızkın içinde boğulursun. Ancak insanın hatası, âcizliği, rızkı kuldan beklemesidir. Burada çok ince bir nüans vardır ve buna dikkat etmeni isterim.

İnsanları izle ve onların konuşmalarına dikkat et. Bugün iş yoktu, bugün müşteri azdı, gibi kelimeler kullandıklarını göreceksin. Sanki sen kullanmıyor musun? O halde kendini de izle! Kelimelerin dili vardır. Onların hepsinin derin anlamı vardır. Bugün müşteri gelmedi veya işyerim kapandı işsiz kaldım demek, ben rızkımı müşterimden ya da işyerinden kazanıyordum demektir.

Zariyat Suresi, 58. ayette ne diyor Rabb'in:

"Şüphesiz ki, rızk veren, mutlak kudret ve kuvvet sahibi olan ancak Allah'tır."

Sen ise rızkın kuldan geldiğine dair derin bir inanış, adeta hipnotik bir durum içindesin. Geçen gün bir danışanım geldi ve şöyle dedi:

"Hocam, geleceğe dair kaygılarım var, işlerim çok iyi ama bir gün batarsam çocuklarımın rızkını kim verecek, onlar ne olacak?"

"Bu nasıl soru? Bu ne saçma bir soru? Ne sorduğunun bile farkında değilsin."

Seni her yeni günün sabahına çıkarıyorsa Rabb'in rızkını da hazırlamış demektir. O sana rızkı önceden zaten yazmıştır. Ve çocuklarının, emanet olan o yavrularının rızkını kendin mi veriyor sanıyorsun?

Çoğunuz bu düşünce içinde yaşıyorsunuz. Sizlerin şükrü bile bir anlaşmaya dayalı, içten bir pazarlık içindesiniz! Yine bir danışanım zamanın da işlerinin çok iyi olduğunu, ancak şimdi geçim sıkıntısı çektiğini söyleyerek, sözüne şöyle devam etti:

"O kadar da şükretmiştim!"

Burada dur! Burada biraz düşünmeni istiyorum. "O kadar da şükretmiştim." Şimdi bu ne demek?

Sen diyorsun ki... Senin hal dilin bana şöyle anlatıyor aslında: İşlerim yolundayken ben hep şükrettim, şükrettim ki bu işi sağlam direğe bağlamış olayım. Ben şükretmez de işlerim batarsa sorumlusu ben olurum ve bu yükü taşıyamam. Bu yüzden şükretmem gerekiyor...

Evet, senin şükrün nefsine hizmete dayalı! Şimdi bu şükür mü yoksa anlaşma mı? "Rabb'im ben şükrettim bak gördün, ona göre bana muamele et" diyorsun!

Sen uyuyorsun! Akıllı geçindiğini sanıyorsun ama karşında Rabb'in var. O senin kalbinden geçenleri görmüyor mu sanıyordun? Ticarette zekânı kullanıp insanları kandırabilirsin, ancak Rabb'ini asla! Şimdi kendini savunup da benim böyle bir niyetim yok deme! Senin tüm niyetini ben çok iyi bilirim.

İnsanları izlerim, onları sürekli izlerim. Rabb'im bana onların aklından geçenleri görme yetisi lütfetmiş. Senin bakışından, senin bu satırları okumandan bile (seni görmeme gerek yok) aklından geçenleri görürüm. Bu yüzden seni silkelemek isterim. Bu yüzden senin uyanmana vesile olmak isterim.

Ne zaman ki rızkın kaynağının Rabb'in olduğunu anımsarsın o zaman evine huzur gelir. Dikkat et! Evine para gelir demiyorum. Huzur gelir diyorum. Ben senin evine para gelmesiyle ilgilenmiyorum. Para da gelir elbet ancak kaynağı kul olarak gördüğün sürece o paranın sana hayrı olmayacaktır. Benim derdim bu. Benim tüm çabam, senin her anında kaynağı, Allah'ı anımsamanı sağlamaktır. Çünkü O her an seninle...

KÖLENİN TEVEKKÜLÜ

Büyük velilerden Şakik Belhi (8. yüzyıl) bir kıtlık senesinde, herkesin kara kara düşündüğü bir ortamda, zengin bir adamın kölesinin şakır şakır oynadığına şahit oldu. Yanına yaklaştı ve sordu:

"Herkes kıtlıkla, açlıkla karşı karşıya olmaktan inler dururken sen neye güvenerek böyle oynayabiliyorsun?"

Köle cevap verdi:

"Herkesten bana ne? Benim için bir tehlike söz konusu değil. Benim efendimin yedi sekiz köyü var, her ihtiyacımız o köylerden sağlanıyor."

Bu açıklama Şakik'i adeta bir şamar gibi sarstı. Çünkü kendisi de kıtlıktan dolayı endişe içindeydi. Ama köle onu uyandırdı ve kendi kendine şöyle dedi:

"Hey Şakik, kendine gel!

Şu köle nihayet bir insan olan efendisine bunca güveniyor, kendini emniyet içinde hissediyor. Sen ki bütün canlıların rızkını garanti eden Allah'a inanıyor, tevekkül ediyorsun, Bu nice tevekküldür ki rızık endişesi içindesin?"

İşte senin de düştüğün durum bundan ibarettir. Dilerim ki uyanasın...

MELEKLERDEN YARDIM ALINIR MI?

Bana melek enerjilerini soruyorsunuz! Allah size kâfi değil mi? Meleklerden enerji bekleyenlerin hal dili, Allah'ın rahmeti bize yetmiyor yahut biz onunla yetinmeyiz demektedir!

Üstelik insan yaratılmış en üstün mahlukat iken ve melekler senin baban Hz. Âdem (A.S)'e secde etmiş iken... Sen kendi ruhunda, yaratılırken Allah'ın kendi ruhundan üflediği ruhu taşıyor iken kendini nasıl âciz görürsün?

"And olsun ki, Allah'tan başka sana ne bir dost ne de bir yardımcı vardır." (Bakara Suresi, 120. ayet)

Ama insanların bir değişime, bir inanışa ihtiyacı var. Bu yüzden yeni ne çıkarsa hemen orada toplanıyorlar. Meleklere elbette inan, ben meleklerin varlığından söz etmiyorum. Onlara inanmamak gibi bir anlayış söz konusu bile olamaz. Ancak melekler sen çağırdığın zaman nasıl gelebilir?

Rabb'in onlara "git" demeden senin çağırmanla bir melek nasıl sana hizmet edebilir?

Âl-i İmran Suresi, 80. ayette Rabb'in diyor ki: "Ve size: Melekleri ve Peygamberleri ilahlar edinin, diye de emretmez."

Hal diline dön ve bak. Yıllarca Allah'tan istedin, O'na dua ettin ve O'ndan umudunu kestin. Şimdi melek enerjisi çıktığında sana gün doğdu. Biraz da meleklerden isteyeyim diyorsun!

Senin yaptığın bu, tamamen düştüğün durum budur.

Eskiden medyumlar vardı, üç harflilerden yardım bekliyordu insanlar. Şimdi onların foyası ortaya çıkınca melek ticareti yapılmaya başlandı. Yeni nesil üç harflileri kullanmıyor, onlar artık daha modern ya, onların melekleri var!

Enam Suresi, 6. ayette diyor ki Rabb'im: "O, kullarının üstünde yegâne kudret ve tasarruf sahibidir. Size koruyucular gönderir. Nihayet birinize ölüm geldi mi elçilerimiz (görevli melekler) onun canını alırlar. Onlar vazifede kusur etmezler."

Meleği ancak Allah gönderir, onlar senin çağırmanla gelmez. Rabb'im sana "Benden habersiz hiçbir şey olmaz, yaprak bile kıpırdamaz" derken sen tüm ayetleri çürütüyorsun!

Rabb'im asırlar önce o melek enerjicilerini gördüğü için şu ayeti indirmiş olmalı:

"Onlar ancak kendilerine meleklerin gelmesini veya Rabb'inin gelmesini yahut Rabb'inin bazı alametlerinin gelmesini bekliyorlar. Rabb'inin bazı alametleri geldiği gün, önceden inanmamış veya imanında bir hayır kazanmamış olan kimseye artık imanı bir fayda sağlamaz. De ki: Bekleyin, şüphesiz biz de beklemekteyiz!" (Enam Suresi, 158. ayet)

Evet, meleklerden yardım gelecektir, ben burada meleklerin yardım etmediğinden söz etmiyorum. Ben senin kaynak olarak yardımı doğrudan meleklerden beklediğinden söz ediyorum. Sen kaynağı şaşırmışsın. Sen kaynaktan umudunu kesmişsin. O senin duana icabet etmedi diye sen umudunu meleklere bırakmışsın!..

Şu ayetler meleklerden yardımı açıkça anlatır, ancak

kaynaktan istemediğin sürece, Allah'ı bırakıp doğrudan meleklere çağrı yaptığın sürece şeytanın en yakın dostu olacağını bilmeni isterim!

"Hatırlayın ki, siz Rabb'inizden yardım istiyordunuz. O da, ben peş peşe gelen bin melekle size yardım edeceğim, diyerek duanızı kabul buyurdu. Allah bunu (meleklerle yardımı) sadece müjde olsun ve onunla kalbiniz yatışsın diye yapmıştı. Zaten yardım yalnız Allah tarafındandır. Çünkü Allah mutlak galiptir, yegâne hüküm ve hikmet sahibidir." (Enfal Suresi, 9. ve 10. ayetler)

Enerjiyi ne meleklerden ne de uzmanlardan bekle. Enerji Allah tarafından sana hediye edilmiş, içinde akan sonsuz bir nehirdir.

Vesselam...

Sen Allah'ı kelimede ve cisimde arıyorsun.

O ne kelimede ne de cisimdedir.

O senin ruhunda, güzel gönlündedir...

Bir çiçekle dost ol, bir ağaçla dost ol.

Bir köpek ya da bir kediyle dost olabilirsin.

Bu sana çocuksu masumiyetini geri getirecektir.

İçindeki küçük çocuğu tekrar anımsamanı sağlayacaktır.

Unutma bir çocuk bilgedir.

Onun zihni henüz kirletilmemiştir.

Onun üzerinde bu yüzden Allah'ın rahmeti ve nuru vardır...

İNSAN BENCİL VARLIKTIR

Çoğu zaman çimenlerden, kuşlardan, doğadan söz ederim. Bu yüzden insanlar bana, senin kuşların, senin çiçeklerin, böceklerin bizi nasıl mutlu edebilir diye soruyor:

"Sen hep kelebeklerden, bulutlardan, yıldızlardan söz ediyorsun. Bunlar yoğun iş temposunda ne işime yarayabilir? Bunlar benim karnımı doyurmaz."

Ve ben onlara şöyle diyorum: Önce bir yıldızla, bir bulutla konuşmayı öğrenmelisin, sonra bir ağaç yahut bir çiçekle konuşmaya başlamalısın, çünkü onlarla iletişim son derece kolaydır. İnsanlarla konuşmak ise en zorudur, sen işe zordan başlıyorsun!

Sen iletişim hakkında hiçbir şey bilmiyorsun, hiçbir altyapın yok ve karşındaki bir insan, bir ego; onunla nasıl sağlıklı iletişim kurabileceksin. Bu yüzden ilk adımda güneş, ay, yıldızlar ve bulutlarla; sonraki adımda ağaçlar ve çiçeklerle; sonrasında ise kedi, köpek ve kuşlarla konuşmalısın.

En son adım insanlardır! Anlıyor musun? Ve ben senin karnının doymasıyla yahut cebinin para dolmasıyla ilgilenmiyorum, senin ruhun boş ve bana "Bu söylediklerin benim karnımı doyurmaz" diyorsun. Önce "ol", önce ruhunu doyurmakla başla. Göreceksin... Her şey sana derinden ilahi bir mutluluk içinde tecelli etmeye başlayacaktır.

Ve yine insanlar "Affetmekle ilgili yazılarını okuyoruz,

sen insanlara hiç mi kızmazsın, hiç mi kırılmazsın? Bunun bir sırrı var mı?" diye soruyorlar.

Bilinen bir şeyin sırrı olabilir mi? Yüreğinde hissettiğin bir şeyin sırrı yoktur, o tam aksine ilahi olandır.

Ben sana baktığımda seni görmüyorum ki!.. Ben sana baktığımda içindeki Yaradan'ı görüyorum, ben sana baktığımda Allah'ın sana vermiş olduğu kendi ruhundan olan parçasını görüyorum. Ben sana baktığımda O'nun mimarisini görüyorum, tüm bu duygular içinde rahmetle bakarken sana nasıl kızabilirim?

Allah rahmeti yüz parça olarak yaratmış ve doksan dokuzunu kendine ayırmış, kalan tek parçayı yeryüzüne göndermişken ve hepimiz o tek parçanın ürünüyken ben sana nasıl kızabilirim? Sen zaten ben iken ben şimdi kime kızabilirim?

Üstelik insanlar affetmenin ne olduğunu bile bilmiyor. Affetmek kendi içinde olur. Senin diğerine affettim demene bile gerek yok. Çünkü zihnin o kadar kurnazdır ki, senin enerjini almak için bir hatanı kollar. Kin ve nefretle sürekli sana o insanı hatırlatarak enerjini harcamana neden olacaktır.

İnsanları depresyona sokan en büyük nedenlerden biri de budur. Çok dikkat etmeni isterim. Affetmek enerjinin sende kalmasıdır. Sende enerji yok, nefsin, zihnin hepsini çekiyor.

Bu yüzden hayatında tıkanıklık var, bu yüzden yaşamının rengi yok, bu yüzden rahmetten uzaklaşıyorsun. Çünkü kin ve nefret şeytanın yemidir.

Affetmenin üzerinde çok duruyorum, çünkü bu çok derin, çok köklü bir konudur. Yeri gelmişken bu konudaki hadisleri de paylaşmak isterim:

"Affedin ki, Allahütaâlâ da sizi affetsin ve şerefinizi yükseltsin!" (İsfehani)

"Allah rızası için affedeni, Allahütaâlâ yükseltir." (Müslim)

"Sana zulmedeni affet, sana gelmeyene git, sana kötülük edene sen iyilik et, aleyhine de olsa mutlaka doğru konuş." (Ruzeyn)

"Musa Aleyhisselam, 'Ya Rabbi, senin indinde en aziz kimdir?' diye sordu. Allahütaâlâ da, 'İntikam almaya gücü yeterken affedendir' buyurdu." (Haraiti)

"Allahütaâlâ merhameti olmayana merhamet etmez, affetmeyeni affetmez." (İ. Ahmet)

Rabb'im diyor ki: "Kötülüğü, en güzel şekilde önle! Öfkeyi sabırla, cahilliği yumuşaklıkla, kötülüğü afla önle ki o zaman düşman sana, yakın dost gibi olur." (Fussilet Suresi, 34. ayet)

Allah seni sevgi ve aşkla yaratmıştır. Şayet senin içinden öfke, kin ve nefret çıkıyorsa sen rahmette değil egodasın!

Sadece sev, ne olursa olsun sadece sev, çünkü sevgi içindeki cennete açılan ilahi bir kapıdır.

Affetmek Allah'ın baktığı pencereden yaşama bakabilmektir.

Ve daima anımsa: Affedebilirsen duaların önü açılır ve niyetlerin O'na ulaşır. Affedebilirsen içindeki tortular tıpkı yağmurun sokaktaki tozları temizlediği gibi sürüklenerek kaybolurlar ve ruhun eşsiz bir akışa tanıklık eder. İşte bu yüzden affetmek insanın kendine verdiği en büyük hediyedir.

O halde sen güzel bak, güzel olanı gör. Sürekli hata arayan gözdedir, hata.

Hz. Ali (R.A) şöyle der: "Kim kendi ayıbına bakarsa başkasının ayıbını görmez. Başkasının kuyusunu kazan kimse, oraya kendisi düşer. Kendi hatalarını unutan kimse, başkalarının hatalarını büyük görür. Başkasının gizli hallerini ortaya koyan kimsenin ise kendi gizli ve ayıp halleri ortaya çıkar."

Peygamber Efendimiz bir hadis-i şerifinde yine şöyle buyurmuştur:

"Kim bir kardeşinin ayıbını örterse Cenab-ı Hak da onun dünya ve ahirette ayıplarını örter." (Müslim, Zikir)

Diğer bir hadis-i şerifte şöyle buyrulmuştur:

"Kim bir kardeşinin bir ayıbını örterse, sanki canlı olarak toprağa gömülüp öldürülen bir kız çocuğunu ölümden hayata döndürmüş gibi sevap alır." (Buhari, Edeb ül-Müfred)

Bizler kusur gören gözü kör ettik, o göz sahteydi, o göz zehirliydi. Şimdi Rabb'in tecellisini fark eden gözlerimiz ortaya çıktı. İşte bu yüzden ne kırılır ne de kızarız. Biz sadece severiz, gerisini Allah halleder...

O halde sana tavsiyem şudur: Allah de ötesini bırak...

HAYAT MI RENKSİZ YOKSA SENİN BAKIŞIN MI KİRLİ?

Çoğu insan hayatın monoton, durgun geçtiğinden şikâyet ediyor. Onu donuk hale getiren yalnızca sensin, senin dünyanda, senin duygularını kim renksiz kılabilir? Ve senin her şeyi bırakıp aynanın karşısına geçmeni isterim.

Ellerinle, yüzüne, gözlerine, burnuna, kulaklarına dokun, onları hissederek dokun ve işte Yaradan'ın izlerini görüyorsun! Dokunduğun yerler ne kadar ilahi, onlar ne kadar kutsallar!.. Sen kutsal bir bedenin içinde yaşayan ruhsun. İlk adım bedenini sevmektir ve bedenini sevdikten sonra ruhunu sevebileceksin ve son adım seni varlığına götürecektir. Sen oraya bir kez ulaştığında hayat tüm renkleri, tüm ihtişamıyla karşında olacaktır. Artık tüm şikâyetler, sorunlar, ıstıraplar son bulmuştur.

Sana şunu söylemeliyim ki, şayet deneyimlemediğin bir hayatı yaşıyorsan o hayatın altında eziliyorsun demektir. Çünkü sen onu yaşamıyorsun, sen onu taşıyorsun! O hayatın içinde başkalarının anlattıkları, başkalarının bilgileri ve kitaplardan dolma öğretilerden öte bir şey olmayacaktır.

Bu, yemek yerken birinin sana, "Şimdi ekmeği ısır, şimdi de kaşığı ağzına götür" gibi komutlar vermesinden farksızdır, o yemeğin tadını nasıl alacaksın? Yediklerin boğazına dizilecektir ve deneyimlemediğin bir hayatın hiçbir tadı yoktur. O sana çok yaban gelecektir.

Bu yüzden kirli olan hayat değil, zihindir. Ben insanların kalplerine doğru ilerlemelerinden yanayım. Çünkü toplum insanı devamlı yüzeye yönlendirdi. Manadan uzaklaşmaya, özümüzden ayrılmaya başladık. Her şeyde bir hata aradık ve her hatadan sonra kendimizi suçlamaya yöneldik. Nefis sürekli fitne tohumları ekerek bizi bizden uzaklaştırmakta... Kendini bu kadar suçlarken, kendini bu kadar ezik görürken nasıl mutlu olabilirsin?

Tüm bunların, seni kirletmek isteyen nefsin bu sahte oyunlarının farkına varmanı dilerim. Sen güzel gözlere sahipsin, sadece o gözleri kullanmıyordun hepsi bu.

Bir hata, bir şeyi eksik yaptığında hemen şeytan ortaya çıkar, kendini değersiz hissettirir, işte o an de ki:
"Hatadan ve eksiklikten münezzeh olan Allah'tır. Kul dört dörtlük olmaz!" Ve onu susturuver...

HER ŞERDE BİR HAYIR VARDIR

"Bir şey hoşunuza gitmediği halde sizin için hayırlı olabilir. Bir şey de hoşunuza gittiği halde sizin için kötü olabilir. Allah bilir, siz bilmezsiniz." (Bakara Suresi, 216. ayet)

Bu ayet-i kerime çoğunuzun aklındadır. Dikkat et! Aklındadır diyorum, yüreğindedir demiyorum! Çünkü senin isyanın her an devam etmektedir. Bu yüzden başına şer de gelse bil ki Allah senin hakkında bir hüküm içinde. O'ndan ne gelirse gelsin bırak, eyvallah de. Bunu tam olarak hissederek söyle... Ve sonra ardını düşünme. Allah'tan zarar gelmez... Bu mümkün değil... O'na bıraktıktan sonra göreceksin, zamanın akışında karşına gelecek her ne ise seni huzurlu kılacaktır.

Yaşlı bir çoban sürüsünü otlatmak için yaylaya çıktığında tepeye yakın bir elma ağacının altında dinlenir ve eğer mevsimiyse, onunla konuşur, "Hadi bakalım evladım" derdi, "bu ihtiyarın elmasını ver artık."

Ve bir elma düşerdi, en güzelinden, en olgunundan. Yaşlı adam sedef kakmalı çakısını çıkararak onu dilimlere ayırır ve küçük bir tas yoğurtla birlikte ekmeğine katık ettikten sonra, babasından kalan Kuran'ını okumaya koyulurdu.

Çoban, bu ağacı yirmi yıl kadar önce diktiğinde sık sık sular, bunun için de büyükçe bir güğüme doldurduğu abdest suyundan geriye kalanı kullanırdı. Elma ağacının kökleri, belki de bu sularla kuvvet bulmuş ve ağaç kısa sürede serpilip meyve vermeye başlamıştı.

Çoban o zamanlar henüz genç sayıldığından şöyle bir uzandı mı en güzel elmayı şıp diye koparırdı. Fakat aradan geçen bunca yıl içinde beli bükülüp boyu kısalmış, ağacınkiyse bir çınar gibi büyüyüp göklere yükselmişti. Ama boyu ne olursa olsun, ağaç yine de yavrusu değil miydi? Onu bir evlat sevgisiyle okşarken:

"Ver yavrum, derdi, gönder bakalım bu günkü kısmetimi."

Ve bir elma düşerdi hiç nazlanmadan, yıllar boyu hiçbir gün aksamadan...

Köylüler, uzaktan uzağa gözledikleri bu olayı birbirlerine anlatıp yaşlı çobanın veli bir zat olduğunu söylerlerdi.

Yaşlı adam, ağacın altında dinlenip namazını kıldığı bir gün, yine elmasını istedi. Ancak dallar dolu olmasına rağmen nedense bir şey düşmemişti. Sonra bir daha, bir daha tekrarladı isteğini. Beklediği şey bir türlü gelmiyordu. Gözyaşları, yeni doğmuş kuzuların tüylerini andıran beyaz sakalını ıslatırken, ağacın altından uzaklaşıp koyunların arasına attı kendini.

Yavrusu, meyve verdiği günden bu yana ilk defa reddediyordu onu. İhtiyar çobanın beli her zamankinden fazla bükülmüş, güçsüz bacakları da vücudunu taşıyamaz olmuştu. Hayvanlarını usulca toplayıp köye doğru yöneldiğinde, aşağıdaki caminin her zamankinden daha nurlu minarelerinden yankılanan ezan sesiyle irkildi birden. Yeniden doğmuştu sanki çoban.

Bir şey hatırlamıştı.

Çocuklar gibi sevinerek ağacın yanına koştu ve ona şefkatle sarılırken, "Canım" dedi, hıçkırıp ağlayarak. "Benim güzel evladım, mis kokulum. Şu unutkan ihtiyarı üzmeden önce neden söylemedin, bugünün ramazanın ilk günü olduğunu?"

BU DÜNYA HAYAL DÜNYADIR

Kendilerini ev sahibi sanan insanlar vardır. Ve onlar büyük bir yanılgının içindedirler. Çünkü bu dünyada herkes kiracıdır. Bir gün evinden ayrılmak zorunda kalacaktır. İnsanlar "Niçin sizi hiçbir şey üzmüyor?" diye sorarlar. Ben de onlara derim ki: Var olan her şeyin üzerinde geçicidir, yok olacaktır yazılıdır. Bunu gören bir insan neye kapılıp üzülebilir ki?

Bu dünyanın giriş kapısının üzerinde okuduğum bir yazı vardır:

"Önce sizi kendime âşık edeceğim, sonra da sizi terk edeceğim!"

Evet, bu hep böyle olmuştur...

Bunu sana kimse söylemedi. Niçin bu kadar mutluluğu arzuluyor ama onu bulamıyorsun sana anlatayım. Her zaman mutlu olmak istiyorsun, çünkü ruhun buna açlık duymaktadır. Ancak bu dünyanın verdiği mutluluk sana yetmeyecektir. Çünkü sen mana âleminden geldin. Daha da ötesi sen Allah'ın huzurundan geldin ve ona kalubela da söz verdin. Orada olanları, orada geçenleri, o enerjiyi şu an idrak bile edemezsin.

Allah, ruhları yarattığı zaman, "Elestü birabbiküm" buyurdu. Ruhlar da "Bela" diye cevap verdiler.

"Ben sizin Rabb'iniz değil miyim?" dediğinde, "Kalubela

(Evet, sen bizim Rabb'imizsin)" dediler. Ancak sen bu sesi anımsayamazsın. Fakat biz o sese, Rabb'in "Elest" kelimesine âşık olduk. İşte o sese âşık olanlar bu dünyada Allah'ı arayanlardır.

O'nun huzurundayken hissettiğimiz bu muazzam, bu tarif edilemez huzurun içimizde hâlâ tınıları var. Bu yüzden bir yanımız hep O'nu arıyor. O huzuru, o ortamı, o kutsal ötesi sesi...

Evet, sen bu sesin farkında değilsin, çünkü zihin bundan münezzehtir. Tıpkı sonrasında yaşadığın, anne karnında geçen dokuz aylık dünyayı hatırlamadığın gibi!..

Sen meleklerin olduğu âlemden geldin. İşte bu yüzden bu madde âlemi sana yetmiyor. Ruhun her zaman oranın özlemini çekmekte, ancak sen bunun farkında değilsin. Bu yüzden bir yanın orayı istiyor. Bu yüzden dünyada acı içindesin ve bu yüzden o ses ruhuna yüreğine dokunuyor, sen aslında hep o sesi arıyorsun. Hangi sesi mi?

O SES...

Ne kutsal, ne ilahidir o ses öyle değil mi? Hangi sesten söz ediyorum? Elbette Kuran'dan... Ama gönül kulağını açmazsan duyamazsın ki. Duysan bile yüreğine dokunmaz. Üstelik o ses sadece Allah'ın değil, Cebrail'in, o ses Hz. Muhammed (S.A.V)'in sesidir. O ses sahabenin sesidir. O ses atalarının sesidir. O ses bugüne kadar gelmiş, işte senin ruhunun, özünün sesidir.

Ki bilim adamları bile bu sesi kanıtladı. Henüz geçen gün haberi de oldu:

"Suyun moleküler (kristal) düzeninin değişen frekanslara göre farklılaştığını gören Japon bilimadamı Dr. Masura Emoto zemzemin çan sesinde kristallerinin karardığını, Kuran-ı Kerim ve ezan sesinde ise parlaklaştığını, netleştiğini belirledi. İncelemede her bir kristalin, Kâbe-i Muazzama'ya benzeyen bir doku oluşturduğu tespit edildi."

İşte o ses, o tını farkında olanlar için bir mucizedir.

Dinle:

Güzel sesli bir hafız Kuran okuyordu. Kulağına gelen bu güzel sesten etkilenen Hz. Mevlana da gözyaşıyla dinliyordu. Bu sırada elini ağzına kapayarak esneyen bir adam, Mevlana'nın bu gözyaşlarına bir mana veremeyerek sordu:

"Efendi Hazretleri, niçin ağlıyorsunuz, ağlanacak bir şey mi var ortada?"

Mevlana esneyen adama anlayacağı dilden cevap verdi:

"Güzel sesli hafızlardan gelen Kuran sesi bana, cennet kapısının açılış sesi gibi geliyor da onun için..."

Esnemeye devam eden adam da başını sallayarak:

"Bana da cennet kapılarının açılış sesi gibi geliyor" dedi.

Mevlana küçük bir düzeltme yaptı:

"Aramızda ince bir fark var" dedi. "Senin duyduğun ses, cennet kapısının açılış sesi değil kapanış sesi olmalıdır. Çünkü" dedi, "açılış sesi gözyaşı döktürür, kapanış sesi ise uyku getirir..."

Sen huzur nedir bilir misin?
Huzursuzluğun içinde Allah'ı
görüp O'na sıkıca
sarılmaktır...

KENDİNİ ALLAH'A BIRAK

"Ben kendimi bıraktığımda sen beni bırakma Allah'ım" diyorlar. Oysa ben kendimi özellikle bırakıyorum sana. Sen o kadar merhametlisin ki şüphesiz düşmemem için elimden tutacaksın... İşte o kadar sonsuz güveniyoruz sana, o kadar tevekkül içindeyiz. Sen bizi asla bırakmazsın. Anne, baba, eş, dost, evlat, kardeş bırakır ama sen en güvenilir olansın...

Ve kendini yalnız hissettiğinde üzülme. Çünkü herkes elini bıraktığında, Allah ellerinden tutmuş demektir.

"Göklerde ve yerde (birliğimizi ve kudretimizi gösteren) nice deliller vardır ki, her gün onların yanından geçiyorlar, fakat hiç ibret almadan yüz çevirip gidiyorlar." (Yusuf Suresi, 105. ayet)

Sana tefekkürden söz etmiştim. Tefekkürün içinde hem farkındalık vardı, hem anın içinde kalıyordun. Fakat bu bilgelikten öte velilik yoluydu. Tefekkür yapmak için kendine zaman ayırdığında ve olanın, hareket eden her şeyin Allah'ın izniyle gerçekleştiğine şahit olmak için etrafa bakındığında şu hissiyatı taşımanı isterim.

Ancak dikkat et. Tefekkür derin bir ibadettir. Ötesi seni bayıltabilir. Tıpkı Hallac-ı Mansur'un "Enel Hak (Ben Hakk'ım)" dediği gibi, bir anda mana âlemine geçebilirsin. Hallac-ı Mansur bu sözü söylerken kendinde değildi. Bu yüzden şirk koşmamış, bir küfre de girmemiştir. Çünkü o an insanların gördüğü Mansur yoktu!

Çıkar "ben"i aradan, işte oradadır Yaradan. Bu yüzden dikkat etmeni isterim. Tefekkür yaparken öyle bir boyuta ulaşırsın ki orada "sen" kalmaz. İşte o an akan huzur aşırı derecede bir huzurdur ve seni boğabilir. Çünkü Allah'ı bu kadar yakından, bu kadar derinden hissetmek bir veli, bir Peygamber için bile ağır gelmektedir.

Kaldı ki biz sadece bir âciz kuluz. Bu yüzden tefekküre başlarken buna dikkat etmeni isterim. Yavaş yavaş derinleş... Günde 1 dakikayla başlayabilirsin. Sonra bunu uzatabilirsin.

Sana kitabın başında tefekkürden, olanı izlemekten söz etmiştim. Sadece araya şunu eklemek isterim. Mesela, görme eylemindeyken Allah'ın üzerindeki o "Gör" emrini, o rahmeti, tecelli ettiğinde yavaş yavaş cüzi iradeni bırak... İlahi bir kudret görmeni sağlıyor ve sen sadece bunu hissediyorsun. Görmek senin kudretinle değil Allah'ın rahmetiyle devam ediyor... Bunu her tefekkür yaptığında daha iyi hissedeceksin.

Ve aynı şekilde O'nun "Duy" rahmeti üzerinde tecelli ederken kendini bırak. Bir ses sadece işit diyor... Hatta ses bile yok... Sadece bir enerji hissedeceksin. İşte o enerji rahmettir. Senin duymana vesile olan bir enerji, bir nur... Bir lütuf... Ama sen orada yoksun... Sadece orada gören ve duyan var. Ve hissetmeye devam et...

Hz. Muhammed (S.A.V) Mustafa Efendimiz buyuruyor ki:

"Rabb'imiz, ben bir kulunu seversem onun gören gözü olurum, onun tutan eli olurum, onun yürüyen ayağı olurum, onun konuşan dili olurum, onun işiten kulağı olurum." (Buhari)

İşte o andasın... Tefekkürün üst noktası budur. Bu

Allah'la bütünleşmektir. O'nu tam olarak hissetmektir. Bu ilahi bir akıştır. O sana şahdamarından daha yakındı ya, ruhunda O'nun ruhunu taşıyordun ya... İşte şimdi tam bu noktadasın...

Sen O'nun gören gözü, işiten kulağısın. Bugüne kadar bunu dünyayla oyalanmaktan hissedemiyordun. O sana yakındı ama sen kendine uzaktın. Şimdi çekildin ya aradan işte bak orada zül-celal vel-ikram olan Yaradan...

Sadece biz kör idik, görmeye başladık!

Adamın birisi sorup duruyormuş, şairin dediği gibi: "Kimim ben, bu hal neyin nesi?" Her kime sorsa, bir türlü tatmin edici cevap bulamıyormuş aradığı sorulara. Birçoğu dudak büküp bu soruları geçiştiriyormuş. Ya da boş ve anlamsız gözlerle dinliyorlarmış. Yahut da dinliyor görünüyorlarmış. Çünkü onlara göre anlamlı sorular değilmiş bunlar, kimisine göre ise bunları düşünmeye bile değmezmiş.

Nihayet günün birinde uzak bir beldeye düşmüş yolu adamın. Aynı soruları oradaki insanlara yöneltmiş: "Kâinat bizden ne istiyor? Varlığın sırrı nedir? Tabiatta bu olup biten faaliyetler ve güzellikler karşısında bize düşen bir görev var mıdır?"

Ona, o civarda dağda yalnız başına yaşayan yaşlı birisini tavsiye etmişler. "Senin sorularına verse verse o cevap verir" demişler. Adam yola koyulmuş ve o garip kişiyi bulmuş. Aynı soruları sormuş.

İhtiyar, bir süre sakalını ovuşturmuş ve ona bir kaşık dolusu su vermiş. "Hadi" demiş, "şimdi git, şu kulübemin önündeki alanda iki tur at, yalnız bu kaşıktan bir damla yere dökmemeye dikkat et. Cevabını geldiğinde veririm."

Adam pürdikkat, içi su dolu kaşıkla bahçeyi dolaşmaya başlamış. "Aman ha, sakın ha" diyormuş sürekli olarak kendine. Gerçekten de kaşıktaki suyu hiç eksiltmeden geri dönmüş. "İşte geldim, bak bakalım eksilme var mı? Suyu dökmemek için çok dikkat ettim" demiş.

O garip adam, bu kez, "Hadi, şimdi tekrar kulübenin önündeki bahçeye git ve orada neler var? Gördüklerini bana anlat" demiş. Adam bahçeyi bir uçtan öbür uca gezmiş; neler görmüş neler!.. Emsalini daha önce görmediği envai çeşit bitkiler, çeşit çeşit meyve ağaçları, türlü türlü çiçekler; değişik kuşlar, uçuşan kelebekler, az ileride aşağıda hafif hafif esen rüzgârla salınan ve dalgalanan ekinler, her tarafta eşsiz bir ahenk ve armoni...

Önceki turunda bu muhteşem güzelliği, büyüleyici ve insanı mest eden manzarayı, havayı fark edemediğine şaşırmış kalmış. Döndükten sonra gördüklerini tek tek anlatmış. Adamı sonuna kadar dinleyen ihtiyar şu ibretli sözleri söylemiş:

"Ya, sadece küçücük bir damla için ömrümüzü heba ederiz, sermayemiz olan ömrümüzü boş yere tüketiriz veya her şeyde, her olaydaki güzellikleri, hikmetleri fark ederek yaşarız. Önemli olan varlığın kendileri değil, onların bizlere aksettirdikleri manalarıdır.

Bakmayı bildiğimiz zaman, her şey bir ibret levhası, hakikat habercisi haline gelir. Çoğu insan bu bakışa sahip olmadığından sahte bir benliğin esiri olarak, bir kaşık suya o koca dünyasını hasreder ve ömrünü boş yere tüketir. Öyleyse varlığın sırrı, bu bakışlarımızda ve niyetlerimizde gizlidir evlat."

Evet, senin O'nu istemen aslında O'nun seni istemesi üzerinedir. Sevdiğim bir kıssa vardır, bu kıssayı yavrularınla da paylaşmanı dilerim.

Ak sakallı bir âlim, seccadesinden başını kaldırmış Allah'a yalvarmaktadır:

"Ey Rabb'im, yaşım ilerledi, ömrümün sonuna geldim. Bana lütfeylediğin bu ilmi, kütüphanemdeki şu güzel kitaplarımı kime vereyim ki, kıymetini bilsin, içindeki hakikatlerden istifade sağlasın?.."

Dualarla yatağına uzanan âlim o gece çok manidar bir rüya görür. Yeşil kanatlı bir melek gelip kendisine şöyle der:

"Sen zengin kütüphanendeki güzel kitaplarını kime vereceğini mi soruyorsun? Üzülme, vereceğin yeri sana bildirmek üzere Rabb'im beni gönderdi. Sabah namazından sonra bitişikteki üç komşu evine gideceksin, bu evlerin çocuklarını alıp kütüphanene getirecek, kitaplarını onlara taksim edeceksin. Senin kitaplarına layık olanlar bu çocuklardır!"

Melek bunları söyledikten sonra pır diye uçup gider.

Gözlerini açan âlim, gördüğünü yeniden hayalinden seyretmeye çalışır. Meleğin sözlerini bir bir yeniden düşünür ve bu şeytani bir rüya değildir, diyerek söyleneni yerine getirmeye karar verir.

Sabah namazından sonra ilk işi tarif edilen komşu çocuklarını toplamak olur. Üç komşunun küçüklerini evindeki kütüphanesinin önüne oturtur ve sorar:

"Sevgili çocuklar, sizler muhakkak Allah'ın sevdiği gençlersiniz. Allah sizi seviyor, ama neden seviyor, bilemiyorum. Bana söyler misiniz, gündüzleri boş zamanlarınızda neler yapıyorsunuz?"

Birinci çocuk şöyle konuşur:

"Ben sabahları kalkıp ormanlara, ağaçların yeşilliklerine, bağ bahçelere bakıyorum. Bunlar kışın kupkuru, yapraksız, meyvesizken baharda yemyeşil çiçekler açıyor, meyveler veriyorlar. Düşünüyorum, bu ağaçların içinde bunları yapacak bir makine olmadığına göre kim yapıyor bunları?.. Bunu ancak bizi nimetleriyle besleyip sevindirmek isteyen Allah'ımız yapıyor. Böylece, Allah'a olan sevgimi daha da çoğaltıyorum. Bu düşüncelerle dini kitapları daha çok okuyor, okudukça da Allah'a olan sevgimi daha çok kuvvetlendiriyorum. Kitap sevgim çok fazla..."

Ak sakallı âlim şöyle izah eder:

"Yavrucuğum, bu söylediklerin çok güzel şeyler. Demek Allah da seni bunun için seviyor olmalı. Etrafına bakıp ibret almak, her gün boş zamanlarında dini kitap okumak fevkalade güzel şey..."

İkinci çocuk şöyle konuşur:

"Ben de geceleri yıldızlarla süslü gökyüzüne bakıyor, boşluğu aydınlatan ayı seyrediyorum. Sonra bizlere yağmurlar indiren bulutları düşünüyor, canlanan sebzeleri hatırlıyorum. Bütün bunları bizim için yaratan Rabb'imize olan sevgim ve bağlılığım daha da artıyor..."

Nur yüzlü âlim bunun sözünü de şöyle izah eder:

"Evlat, bu senin yaptığın Rabb'imizin hoşuna giden şeydir. Boş zamanlarında yarattıklarının ibretli durumlarını inceleyip, O'nu tefekkür etmen, yüreğinde hissetmen, Allah'ın hoşnutluğunu kazanmanı sağlamış."

Üçüncü çocuk da şöyle konuşur:

"Efendim, arkadaşımın biri gökyüzünü, diğeri de yeryüzünü inceliyormuş. Ben de yerde, gökte gördüğüm her şeyi, kuşları, hayvanları inceliyorum. Mesela bunca kuşların rızklarını veren Rabb'imiz ayrıca yerde yaşayan koyunların, kuzuların da rızklarını veriyor. Hatta onların memesinden bizlere de rızk gönderiyor. Nitekim koyun yediği ottan hem et yapıyor hem süt veriyor hem de gübre meydana getiriyor. Yediği tek şey, ama sonucu çok çeşitli...

Tek ottan değişik şey meydana gelmesi, koyunun, ineğin, mandanın karnında bir fabrika bulunduğundan değildir. Bunları düşününce Rabb'imize olan sevgim daha da çoğalıyor, çoğaldıkça da boş zamanlarımda ben de arkadaşlarım gibi dini kitaplar okuyor, Allah'a olan sevgimi daha da kuvvetlendiriyorum."

Âlim ondan da çok memnun olur. Kitaplarını üçe ayırır, her birini birine verir ve der ki:

"Çocuklar, bu gece rüyamda yeşil kanatlı bir melek gördüm, Allah'ın çok sevdiği çocuklara kitaplarını vereceksin diyerek sizleri tarif etti. Ben de Allah'ın sizi neden sevdiğini merak ettim. Şimdi anladım ki, sizler cidden Allah'ın seveceği bir tutum içindesiniz. Kitaplarımı size seve seve veriyorum. Alın, okuyun, siz de parmakla gösterilen âlimlerden olun."

KENDİN OLDUĞUN HALİNLE GÜZELSİN

Bu hayat bir oyundur, oyunun kuralını bilmezsen seni üzer. Kural ise olduğun seni kabul etmektir.

Şeytanı şaşırtmanın en güzel yolu kendini olduğun halinle sevmektir. Şeytan buna dayanamaz. O kendini suçlaman için devamlı fitne tohumu ekerken birden senin uyanışınla sarsılacaktır.

Unutma! Allah seni görmek istediği gibi yarattı. Sen olduğun halinle güzelsin. Bu yüzden bir başkası olmaya çalışmak seni sadece yoracaktır. Ve bu şekilde yaşayan milyarlarca insan görebilirsin. Hepsinin enerjisi düşük, zihin tüm kontrolü ele almış durumda ve insan bir köleye indirgenmiş. Allah'ın halifesi olduğunu unutmuş olarak nefes alıyorsun.

Sana bir sır vermek isterim. Başıma ne zaman üzücü bir olay gelse "Allah'ım senin seçtiğin benim de seçtiğimdir, inanırım ki sen en iyisini bilirsin" derim. Bu mana âlemine açılan kapılardan biridir. Senin de kullanmanı dilerim. Bu kutsal bir anahtardır. Ve o kapı açıldığında adeta oluk oluk huzurun üzerine aktığını görebilirsin...

Allah ne güzel bir dosttur. O kendisine tam tevekkülle sığınanları asla yarı yolda bırakmaz. Başka bir kul kendisine engel olmak isterse Allah dostu için yeni bir yol yaratır. O merhametin ve sevginin kaynağıdır. O veli ve vekildir...

Her şeyi yoktan var eden bir dostun olmasından öte ne olabilir ki? İşte benim tüm arzum O'nu hissetmen ve O'na sımsıkı sarılmandır. Sıkıntıları Allah'a havale edenin sorunları mucizevi bir şekilde "Felah" enerjisine dönüşür.

Gönlün yara almış ise üzülme, çünkü yara almış gönülde nur vardır, rahmet vardır. O, Allah'ın rahmetini kana kana içerek beslenir.

ANNE HAKKI

Bu kitap özümüze dönüşün, bireysel gelişimin tasavvufi karışımı bir şekli de olsa anne hakkı çok önemlidir. Nasıl önemli olmasın ki? Onun rızası olmadan nasıl huzurla yaşayabilirsin? Allah yanına bırakır mı sanıyorsun?

Geçenlerde bir danışanım geldi, yirmi yıldır terapi görmekteymiş ve en son çare olarak bana gelmiş, çünkü zerre kadar yarar bulamamış. İnsanlara ilaçsız ve tek seansta yardım ettiğimiz için dünyanın dört bir yanından sağ olsun danışanlarımız gelmekteler.

Ancak bu hanım danışanım sorununun annesiyle ilgili olduğu ortaya çıktığında "Onu affetmezsen ben sana hiçbir şey yapamam" dedim. O da ısrarla bunu kabul etmedi. "Yapabileceğim hiçbir şey yok, sen istemezsen kimse sana yardımcı olamaz" diyerek terapiyi başlamadan sonlandırdım. Benim gözümde anne senin cennete ulaşman için var olan bir köprüdür, o bir geçittir.

Hazreti Peygamber'imiz ashabıyla oturmuş sohbet ediyordu. Bir kadın sahabe Resulullah'ın huzuruna telaşla girerek:

"Ya Resulullah! Şu anda kocam ölüm döşeğinde, belki biraz sonra ölmüş olacak... Yalnız yanında kelime-i şahadet getirdiğimi anladığı ve kendisi de getirmeye çalıştığı halde bir türlü kelime-i şahadet getiremiyor. Kocamın imansız gitmesinden korkuyorum. Bu hususta bir yardımınızı bekliyorum" dedi.

Hazreti Peygamber'imiz:

"Kocan sağlığında ne gibi kötü harekette bulunurdu?" diye sordu.

Kadın hiçbir kötü amelinin olmadığını, namazını kılıp her türlü ibadetini noksansız yerine getirmeye çalıştığını söyledi.

Bu sefer Peygamber'imiz:

"Kocanızın dünyada kimi var?" diye sordu.

Kadın ihtiyar bir annesi olduğunu söyleyince Peygamber'imiz kadının kocası Alkama'nın anasını huzura çağırdı. Hazreti Alkama'nın anası, Hazreti Peygamber'imizin huzuruna çıktı. Peygamber'imiz:

"Oğlun sana karşı nasıl hareket ederdi? Oğlundan memnun musun?" diye sordu.

Alkama'nın anası:

"Ya Resulullah, oğlum evleninceye kadar çok iyi muamele ederdi. Evlendikten sonra hanımını dinledi, bana hor bakmaya başladı. Hatta son zamanlarda evini bile ayırdı. Ben de üzüldüm, onun bu hareketine" dedi.

Peygamber'imiz yaşlı kadına, oğlunun ölüm döşeğinde olduğunu, hakkını helal etmediği takdirde cehennem azabı çekeceğini söylediyse de kadın:

"Hakkımı helal etmem ey Allah'ın Resulü" dedi.

Alkama ise evde yatıyor, hâlâ kelime-i şahadet getiremiyordu.

Hazreti Peygamberimiz, kadının annelik şefkatini harekete geçirmek için, orada bulunanlara:

"Bana biraz odun hazırlayın" diye buyurdu.

Kadın hayretle:

"Odunu ne yapacaksın ya Resulullah?" diye sormaktan kendini alamadı.

Çünkü o da şüphelenmişti.

Peygamber Efendimiz:

"Oğlunu yakacağım... Zira yarın cehennemde yanacağına cezasını burada çeksin, daha iyi" buyurunca, kadın dayanamadı:

"Oğlumun gözümün önünde yanmasına razı olamam ya Resulullah! Ona hakkımı helal ediyorum" dedi.

Murat hâsıl olmuştu... Hazreti Peygamber'imiz, Bilal-i Habeşi Hazretleri'ni göndererek:

"Git bakalım, Alkama ne haldedir?" buyurdular.

Bilal-i Habeşi, Alkama'nın yanına varıp kelime-i şahadet getirmesini telkin ettiğinde, Alkama'nın dili açılmıştı:

"La ilahe illallah, Muhammedün Resulullah" deyip ruhunu Allah'a teslim etti.

Yine çok sevdiğim bir analık hakkıyla ilgili Efendimiz'e dair bir kıssa vardır.

Hazreti Peygamber'imiz, Selman-ı Farisi Hazretleri'ne:

"Ya Selman! Seninle garipleri ziyarete gidelim" buyurdular. Selman-ı Farisi Hazretleri:

"Garipler kimlerdir ya Resulullah?" dedi.

Peygamber'imiz:

"Garipler o kimselerdir ki, dünyadan göçüp gitmişler ve arkalarından da rahmet okuyacak kimseleri kalmayan ölülerdir" buyurup beraberce Medine kabristanlığına gittiler.

Kabristanlığa vardıklarında Peygamber Efendimiz bir kabrin başına varınca gözyaşlarını dökmeye hatta hırka-i saadeti ıslanıncaya kadar ağlamaya başladılar. Selman-ı Farisi Hazretleri bu ağlamanın sebeb-i hikmetini anlayamamıştı:

"Ya Hayrülbeşer! Ağlamanızın sebebi nedir? Vahiy mi nazil oldu, yoksa başka bir sebep mi var?" dedi.

Hazreti Resul-i Ekrem Efendimiz:

"Hayır ya Selman! Vahiy nazil olmadı, bu kabirde yatan bir delikanlıdır; ona şiddetli azap olunmaktadır. Onun azabının şiddeti beni ağlatıyor" buyurdular. Daha sonra meseleyi şöyle izah ettiler:

"Kardeşim Cebrail bana geldi. Ben bu ehl-i kabre neden bu kadar azap edildiğini sordum. Cebrail bana anasına asi olduğunu ve anasının da ona hakkını helal etmediğini, böylece kıyamete kadar azap olunacağını söyledi. Sen git Medine'ye, Bilal'e söyle, nida edip bütün Medine halkını buraya çağırsın" buyurdular.

Selman-ı Farisi Hazretleri gidip Bilal Hazretleri'ne Peygamber'imizin buyruğunu tebliğ etti. Bilal-i Habeşi Hazretleri de yüksek bir yerden Peygamber'imizin emrini bütün Medine ehline duyurdu. Medineliler bölük bölük kabristana gelmeye başladılar. Peygamber'imiz gelenlere ve herkese "Sahibi olduğunuz kabrin başına varın" buyurdular. Kendileri de o azap gören kabrin başında beklemeye başladılar. Herkes gelip bir kabrin başına vardığı halde o azap gören kabrin başına kimse varmıyordu. Nihayet hayli zaman geçtikten sonra elinde asası olduğu halde yaşlı bir kadın geldi, Peygamber Efendimiz'in başında beklediği kabrin yanına yaklaşıp durdu.

Efendimiz:

"Burada yatan senin neyin olur ana?" diye sordu.

Kadın oğlu olduğunu söyledi.

Peygamber'imiz:

"Oğluna dargın mı idin?" diye sordu.

Kadıncağız dargın olduğunu söyledi ve oğlunun kendisine yaptığı eziyeti şöyle anlattı:

"Bir gün eve geç gelmişti. Kapıyı birkaç defa çalmış, kapıyı geç açtığım için beni eliyle itip kolumu ve gönlümü incitmişti. Ondan sonra da iflah olmayıp bu dünyadan göçüp gitti. Ben ona hakkımı helal etmemiştim" dedi.

Peygamber'imiz tekrar ona analık hakkını helal etmesini, oğlunun kabir azabı çektiğini söyledi ise de, ona karşı kalbinin kırık olduğunu ve hakkını helal etmeyi gönlünün istemediğini söyledi.

Bu defa Hazreti Resul-i Ekrem Efendimiz ihtiyar kadına:

"Ana bak oğlunun haline, eğer sen hakkını helal etmezsen oğlun kıyamete kadar bu azabı çekecek, ondan sonra da cehennem azabı çekecek" diyerek gözlerinden dünya perdesini kaldırdı. Kadın kabre baktı ki, oğlu dört yandan hücum eden ateşler içinde kıvranmakta ve "Ah anneciğim, neredesin? Beni kurtar!" diye bağırmakta...

Oğlunun bu halini görünce ana yüreği dayanamadı.

"Ya Rabbi! Oğlumu affet, ben ona analık hakkımı helal ettim" diye yalvarmaya başladı. Cenab-ı Allah da o andan itibaren hemen ondan kabir azabını kaldırıp, başka bir günahı olmayan bu gencin kabrini cennet bahçesine çevirdi.

Her ne yaşıyorsan imtihandır,
şer mi hayır mı yalnız Allah bilir.
Sabır makamına ulaşmak kolay değildir,
fakat oraya ulaştığında da tadına doyum olmaz
Kalbini kırmak isteyenleri meleklere bırak,
onlar sen sustuğunda konuşmaya başlar.
Bunu hissetmek bile huzurdur...

Bu kitabı okuduğuna, bizimle birlikte olduğuna göre sabır makamındasın demektir. Ve sabır makamına ulaştıysan artık dert etme, Allah senin derdine dermanı çoktan vermiştir. Şimdi usulca ve sevgiyle beklemek düşer sana...

Evet, bir kitabımızın daha sonuna geldik. Allah lütfetti biz de sizin yüreklerinize dokunmaya çalıştık. Aracı olduk. Bizimle tanışan insanlar arasında tesadüf yoktur, tevafuk vardır. Bu kitabı okumanız da bir tesadüf değildi. Bundan sonra Allah'tan gelecek mucizelere yüreğinizi açıp bakmanızı dilerim. Unutma ki:

Allah bir insana hediye göndermeden önce önüne engel koyar ve arkasına hediyesini bırakır. İnsanlar bu engele isyan ettikleri için hediyelerini göremezler!..

"Sizin duanız olmasaydı, Rabb'im size değer verir miydi?"
(Furkan Suresi, 77. ayet)
O halde Allah de ötesini bırak...